W0088942

Der Autor

Wolfgang Körner veröffentlichte neben Arbeiten für Zeitschriften und für den Rundfunk Erzählungen und Romane, darunter «Büro, Büro» (rororo Nr. 12469), «Die Zeit mit Michael» (rororo 12263) sowie «Ein langer warmer Sommer» (rororo Nr. 12276).

In der Reihe rororo tomate schrieb er zunächst die Satire-Bände «Der einzig wahre Opernführer» (Nr. 5648) sowie «Der einzig wahre Schauspielführer» (Nr. 5821) und begann sich dann gewissenhaft auf das vorliegende Werk vorzubereiten. In seinen bahnbrechenden Grundlagenwerken «Der einzig wahre Anlageberater» (Nr. 5954) sowie «Der einzig wahre Karriereberater» (rororo 12164) untersuchte er zwei für die glückliche Ehe nicht unwichtige Lebensfelder. In «Der einzig wahre Patientenberater» (rororo 12324) warnte er seine Leser vor den Ärzten. Jetzt fühlte er sich endlich reif genug für die schwierigste und beglückendste Aufgabe, die es für einen Menschen gibt; die Auseinandersetzung mit der Ehe.

Wer heiraten will, gerade geheiratet hat oder schon lange verheiratet ist, dem wird dieses Buch mehr Wissen über die Ehe vermitteln und ihn noch glücklicher machen. Spätestens seit er im «Far East Café» in San Francisco einem Ehepaar mit vier Kindern beim Verzehren des dort angebotenen Gerichts «Glück für die ganze Familie ohne Gewürze» zusehen konnte, ist sich der Autor dessen sicher: Eine glückliche Ehe ist das Schönste auf der Welt.

WOLFGANG KÖRNER

DER EINZIG WAHRE

EHE

BERATER

VERHEIRATET UND TROTZDEM GLÜCKLICH

MIT WERTVOLLEN BILDTAFELN
VON MANFRED LIMMROTH

rororo

ROWOHLT

rororo tomate
herausgegeben von Klaus Waller

Originalausgabe
Veröffentlicht im Rowohlt Taschenbuch Verlag GmbH,
Reinbek bei Hamburg, November 1989
Copyright © 1989 by Rowohlt Taschenbuch Verlag GmbH,
Reinbek bei Hamburg
Umschlaggestaltung Peter Wippermann / Jürgen Kaffer
Umschlagillustration Manfred Limmroth
Satz Bembo (Linotron 202)
Gesamtherstellung Clausen & Bosse, Leck
Printed in Germany
680-ISBN 3 499 12614 1

Inhalt

«Die Ehe ist die wichtigste Entdeckungsreise,
die ein Mensch unternehmen kann.»
(SÖREN KIERKEGAARD)

Verheiratet und trotzdem glücklich
Ein ermutigendes Vorwort

Auch wenn in ihren Penthouse-Wohnungen über den Dächern der Stadt einsam und allein ihren Champagner schlürfende Junggesellen den Begriff «glückliche Ehe» für einen Widerspruch in sich halten und ihnen weibliche Singles zustimmen dürften, die sich nur außerehelich umarmen lassen bzw. selber ihr Kopfkissen umarmen: Es gibt glückliche Ehen.

Mindestens fünf der Freunde und Freundinnen des Autors haben ihm (sogar in Anwesenheit ihrer Ehefrauen bzw. -männer!) erklärt, in einer solchen glücklichen Ehe zu leben, und die Statistik bestätigt diesen ersten Eindruck. Noch immer sind die meisten Menschen, die das Nachtlager teilen, verheiratet, allerdings nicht immer miteinander.

Die meisten Menschen sagen irgendwann ja zur Ehe, eine immer größer werdende Zahl von ihnen sogar mehrfach.

Gewiß deutet es eher auf ein schlechtes Gedächtnis hin, wenn Giovanni Vigliotto zur selben Zeit mit 104 Frauen verheiratet war; aber wenn der Baptistenpfarrer Glynn Wolfe (nacheinander) 27 (verschiedene) Frauen heiratete – kann es einen schöneren Beweis dafür geben, daß glückliche Ehen möglich sind? Noch immer freilich bleibt dieses Eheglück vielen Menschen vorenthalten.

Sei es, daß sie nicht heiraten (schlimm), sei es, daß sie sich wieder scheiden lassen (schlimmer), sei es, daß sie verheiratet bleiben und unglücklich sind (am schlimmsten) – sie verfehlen jene Art von Glück und Erfahrung, die allein die glückliche Ehe zu garantieren vermag, und diesen noch nicht, erst neuerdings oder nicht mehr glücklich Verheirateten will dieser Ratgeber helfen.

Ehen werden nicht im Himmel geschlossen, sondern auf dem irdischen Standesamt. Davor, dabei und vor allem danach begehen selbst zum Eheglück berufene Frauen und zum Eheglück potentiell befähigte Männer Fehler. Sei es, daß sie zuwenig (bzw. zuviel) Sorgfalt auf die Wahl des Ehepartners wenden, sei es, daß sie überhaupt nicht heiraten bzw. zwar heiraten, aber in der Ehe ihre Vorstellungen vom Glück nicht durchzusetzen vermögen, sie verfehlen das Eheglück.

Dieses Buch erklärt nicht nur die Vorteile der Ehe und berät nicht nur bei der Partnerwahl, sondern es liefert todsichere Strategien für das Glück im ehelichen Alltag. Nie war ein Buch notwendiger als dieses: Es will mehr Menschen zu einer glücklichen Ehe verhelfen.

Las Vegas / Nevada, 1. Juli 1989

Nachtrag zum Vorwort

Im Gegensatz zu einer weitverbreiteten Ansicht hört das Eheglück mit dem Ende einer Ehe keinesfalls auf, sondern es überdauert vielfach die Ehe. In manchen Fällen fängt es nach dem Ende der Ehe sogar erst richtig an. Das läßt es erforderlich erscheinen, das nacheheliche Eheglück mit in diesem Werk darzustellen und auch für die Zeit nachehelicher Liebe Glücksstrategien anzubieten.

Reyno / Nevada, 15. Juli 1989

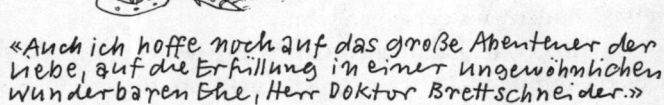

«Auch ich hoffe noch auf das große Abenteuer der Liebe, auf die Erfüllung in einer ungewöhnlichen wunderbaren Ehe, Herr Doktor Brettschneider.»

Erster Teil des Ehe-Unterrichts:

Von der Paarung in der Steinzeit zur modernen Ehe und Familie

Erste Lektion fürs Eheglück:
Die Existenz zweier verschiedener Geschlechter und die frühe Geschlechtsunordnung

> «Der Geschlechtstrieb ist bedeutend unschuldiger als der Freßtrieb.»
> (Hans Henny Jahnn)

Es gilt, zumindest unter Menschen, als unumstritten, daß der Mensch die Krone der Schöpfung ist. Im Alten Testament (= jüdisches Literatur-Kollektiv-Kunstwerk) ist die Erschaffung des Menschen ausführlich beschrieben. Der Schöpfer betrachtete den ersten Menschen namens Adam, und er kratzte sich nachdenklich am Kopfe. Irgendwie muß ihm dieses Produkt seiner Bemühungen ziemlich mißlungen vorgekommen sein, denn er versuchte, dessen Chancen zu verbessern, indem er ihm eine Gefährtin, nein, nicht an die Seite stellte, sondern aus derselben schnitt.

Das gibt zwar männlichen Chauvinisten heute die Möglichkeit, ihre Frau als «achtzig Kilo geklaute Rippenstücke» zu bezeichnen, aber wer jemals eine wohlgeformte Achtzehnjährige (außerehelich) auf einer dunklen Parkbank näher untersuchte und danach seine schmerzenden Rippen, wird zu der Überzeugung gelangen, daß die Geschichte mit der Rippe so nicht stimmen kann. Frauen und Rippen sind sehr verschieden.

Wahrscheinlich kommen die Biologen der Wahrheit näher, wenn sie die Existenz zweier verschiedener Geschlechter als Voraussetzung dafür betrachten, daß sich der Mensch im Laufe der Evolution immer mehr sozusagen nach oben mendeln konnte. Da sich zur Erzeugung eines neuen Menschen immer mindestens zwei schon vorhandene verschiedenen Geschlechts zusammenfinden müssen, erbt kein Kind nur die Fehler eines Elternteils, sondern in ihm vereinigen sich immer die Charaktereigenschaften zumindest eines Mannes und einer Frau.

So unterschiedlich die Ansichten über die Verschiedenheit der Geschlechter auch sein mögen, lange Zeit bestand weitgehende Einigkeit darüber, daß ihr von der Natur zum Zwecke der weiteren Vermehrung der Menschheit vorgesehenes teilweises Zusammenwirken über diesen Zweck hinaus sowohl dem Manne als auch der Frau mehr oder weniger Lust zu bereiten vermochte.

Männer und Frauen waren bestrebt, sich jenes angenehme Gefühl so oft wie möglich zu verschaffen. Sie bevölkerten die Erde nicht nur auftragsgemäß, sondern sorgten sogar für Überbevölkerung. Da ehedem weder Sigmund Freud noch Shire Hite über die Libido bzw. über die Mysterien der Clitoris geschrieben hatten und Orgasmus noch glücklich als Fischer in Griechenland lebte, gingen die Menschen damals noch ziemlich problemlos miteinander um. Mann paarte sich wahllos mit jeder, die a) gerade da war, b) ihm gefiel bzw. c) nicht stark genug war, ihn wegzujagen.

Die dabei entstandenen Kinder vergrößerten die Horde und zogen einfach mit ihr. Nahrung und Kleidung suchten und fanden die Menschen damals noch als Sammler und Jäger. Das einzige, was ihnen zum Glück noch fehlte, war die Ehe.

Kurztext für Ungeduldige: Schon am Anfang der Menschheit gab es zwei verschiedene Geschlechter. Da es weder Bücher gab noch Psychologen und Feministinnen, ganz zu schweigen von Geboten und Gesetzen, paarten sich die Menschen mit jedem, den sie wollten und der sie wollte. Den frühen Sammlern und Jägern fehlte zu ihrem Glück nur noch die Ehe.

Zweite Lektion fürs Eheglück:
Endlich Ordnung – Die Erfindung von Ehe und Großfamilie

> «Das Wort Familienbande hat einen Beigeschmack von Wahrheit.»
>
> (KARL KRAUS)

Wer jemals in einem Zimmer, das sein Ehegefährte aufgeräumt hat, etwas zu suchen gezwungen war, weiß, daß Unordnung immer eine schlimme Sache ist. Sie ist schon übel, wenn es nur um Sachen geht, aber wenn in menschlichen Beziehungen Unordnung herrscht, ist es noch schlimmer. Man kann mit solcher Unordnung kaum irgendwo Staat machen, ganz zu schweigen davon, daß sich kein Staat daraus machen läßt.

Obwohl es noch heute Männer gibt, die nach dem Prinzip der frühen Jäger und Sammler leben, d. h. so viele Frauen wie möglich begatten und dann weiterziehen, endete diese unkomplizierte Art des Umgangs mit dem anderen Geschlecht für die Mehrheit mit der Einführung von Ackerbau, Viehzucht und dem Eigentum. Dieses Seßhaftwerden war erforderlich, weil a) die Frauen damals ständig schwanger waren

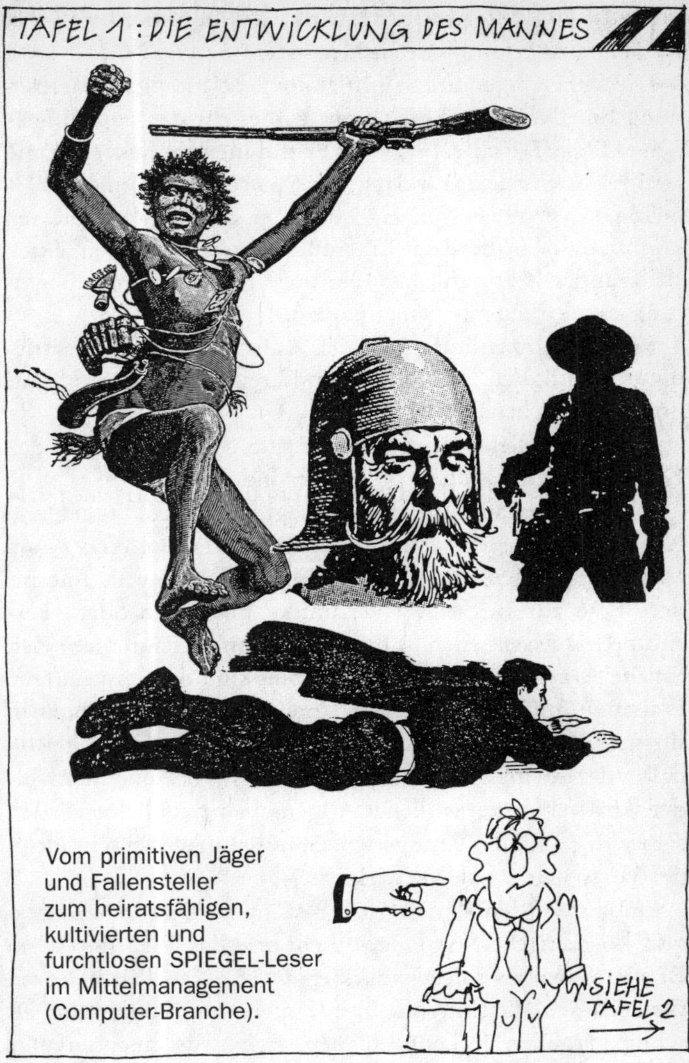

Vom primitiven Jäger
und Fallensteller
zum heiratsfähigen,
kultivierten und
furchtlosen SPIEGEL-Leser
im Mittelmanagement
(Computer-Branche).

SIEHE
TAFEL 2

und sich zugleich um ihre Kleinkinder kümmern mußten, b) Schwangere und Kleinkinder schlecht zu Fuß sind.

Die frühen Jäger und Sammler konnten gerade so viel Kleidung und Nahrung beschaffen, daß es für den augenblicklichen Bedarf reichte. Nach der Erfindung von Ackerbau und Viehzucht wurde das anders. Die Menschen begannen zu arbeiten und produzierten dadurch mehr, als sie sofort aufessen konnten. So entstand das Eigentum. Durch die Arbeit hatten sie weniger Zeit dafür, ständig neue Partner für die Begattung anzulocken bzw. einzufangen.

«Zivilisation ist nur durch den Aufschub von Triebbefriedigung» möglich, stellte Sigmund Freud später traurig fest, und er hat recht.

Wahrscheinlich waren es kluge alte Männer, die auf den Gedanken kamen, die Familie zu erfinden.

«Wenn wir», so dürfte einer gesagt haben, «an Frauen und Kindern genauso Eigentum schaffen wie am Acker und Vieh, hat das den Vorteil, daß Männer nicht jeweils eine andere Frau zur Begattung verführen, überreden oder überrumpeln müssen. Erstens haben die Männer dann mehr Zeit für die Arbeit auf dem Feld, zweitens sind die schwangeren Frauen und Kinder besser versorgt, und drittens bleibt auch für uns jetzt endlich mal eine Frau übrig, weil kein geistig halbwegs normaler Mann mehr als drei Frauen und ihre Kinder wird versorgen wollen.» Allgemeiner Beifall dürfte nach seiner Rede auf der Thingstätte zu hören gewesen sein, denn der Vorschlag wurde verwirklicht.

Frauen wurden Eigentum der Männer. Sie konnten zwar (aus kosmetischen Gründen) nicht wie das Vieh durch ein Brandzeichen als solches markiert werden, aber da hatte ein Goldschmied die sinnvolle Idee, Frauen durch einen Ring als schon vergeben zu kennzeichnen. Er wurde ihnen anfangs ähnlich durch die Nase gezogen wie den Kühen. Erst als eine frühe Feministin durchsetzte, daß auch verheiratete Männer gekennzeichnet wurden, mußte man dazu übergehen, den Ehering am Finger zu tragen: Damals war Vielweiberei noch weit verbreitet, und mehrere Ringe hatten selbst in der größten Männernase nicht genügend Platz.

«Du sollst nicht begehren das Haus deines Nächsten», hämmerte ein alter Mann mit dem Vornamen Moses in mühevoller Arbeit auf eine Steinplatte. «Du sollst nicht begehren sein Weib noch seinen Knecht, noch seine Magd, noch sein Rind, noch seinen Esel, noch irgend etwas, was deinem Nächsten gehört.» Ein großer Aufruhr brach danach aus, und wahrscheinlich hätten alle, denen nichts gehörte, den alten Moses schon wenig später erschlagen, hätte er nicht die Ausrede gefunden, dieser Text sei ihm als Gesetz vom obersten Chef persönlich übermittelt worden.

Zugegeben, diese Steintafel hat im Laufe der Geschichte unzähligen Menschen sehr viel Ärger bereitet, aber die frühe Ehe (= Eigentum des Menschen an Menschen) funktionierte ziemlich gut.

Wer eine oder mehrere Frauen erobert, gekauft oder geraubt hatte, dem gehörten sie. Sie gehörten wie der Viehbestand zu seinem Haushalt, auch jene Kinder, die eine Frau gebar, gehörten automatisch dazu, wie das Kalb dem Eigentümer der Kuh gehört. Dieses System Familie erwies sich, jedenfalls tagsüber, als segensreich.

Da die menschliche Arbeitskraft damals noch gebraucht wurde, bedeuteten viele Frauen und Kinder viele Arbeitskräfte. Wer viele Frauen und Kinder besaß, konnte viele Äkker bestellen und große Herden bewachen lassen. Er konnte mit seinen Söhnen und Knechten Kriege führen, und er wurde immer reicher und mächtiger.

Auch während der Nacht funktionierte die Familie, zumindest bis zur Erfindung der Elektrizität, relativ gut.

Infolge der allgemeinen Energieknappheit waren die Häuser schlecht beleuchtet. Selbstverständlich kümmerte sich

Eros keinen Pfifferling um die Zehn Gebote. Er ging, schon weil die meisten alten Griechen nur schlecht lesen konnten, seine eigenen Wege.

Wem immer ein Mensch gehören mochte, er suchte jenes mit der Nachwuchs-Erzeugung verbundene lustvolle Gefühl mit wem er immer wollte. Der Herr schlief mit der schönen jungen Magd und die Herrin mit dem schönen jungen Knecht. Die Mägde trieben es mit den Knechten, die Knechte trieben es mit den Mägden, und manchmal trieben es auch die Knechte und Mägde untereinander, was den Herrn besonders ärgerte, weil in solchen Fällen neun Monate später keine neuen Arbeitskräfte und Soldaten geboren wurden.

Schon sehr früh galt derlei als Unzucht, und zu allen Zeiten haben Patriarchen (= Familieneigentümer) versucht, sich dagegen zu wehren. Sie sperrten Menschen weiblichen Geschlechts in Harems (= Frauenspeicher) und versuchten sie wie eine gut gefüllte Schatztruhe abzuschließen (= Keuschheitsgürtel). Einigen Erfolg hatten sie lediglich mit der Idee, die Verletzung des Eigentumsrechts am verheirateten Menschen zum Verbrechen (= Ehebruch) zu erklären und beide Ehebrecher zu bestrafen. Die Kirchen erwiesen sich dabei als ebenso wirksame Verteidiger des Eigentumsanspruchs am Menschen wie die weltlichen Mächte.

Kurztext für Ungeduldige: Ehe und Familie entstanden, weil sie sich als wirtschaftlich sinnvoll erwiesen. Ehe bedeutet *immer* Eigentum am Menschen. Dieses Eigentum war zuerst das Eigentum des Mannes an seiner Ehefrau.

Dritte Lektion fürs Eheglück:
Die verschiedenen Rollen von Mann und Frau

> «Der Mann muß hinaus ins feindliche Leben,
> die Frau bleibt zurück im heimischen Bett.»
> (FRIEDRICH SCHILLER /
> WOLFGANG KÖRNER)

Jeder Siebenjährige (= Frühpubertierender), der einmal durch Astlöcher in den Umkleidekabinen eines Freibades Feldforschung betreiben konnte, wird bestätigen, daß es zwischen den Geschlechtern nicht unerhebliche Unterschiede gibt. Doch so wesentlich, daß sie Frauen auf Kinder, Küche und Kirche verweisen und Männer zwangsläufig aufs Getreide-, Kartoffel- oder Schlachtfeld bzw. ans Schmiedefeuer und den Amboß, sind diese Unterschiede nicht.

In zahlreichen Agrarländern arbeiten Frauen noch heute genauso in Ackerbau und Viehzucht wie Männer. In sozialistischen Ländern leisten Frauen auf Baustellen bewunderungswürdige Arbeit, und wer einmal in einem Restaurant vom (selbstverständlich männlichen) Spitzenkoch bereitete Köstlichkeiten verzehrte, wird die angebliche Überlegenheit der Frau (besonders seiner eigenen) in der Kochkunst nachdenklich in Frage stellen. Auf dem Schlachtfeld dagegen leisteten Frauen, z. B. die Amazonen der Penthesilea oder im Falklandkrieg die Margret Thatcher, oft Hervorragendes.

Wenn es dennoch, zumindest in unserem Kulturkreis, dazu kam, daß den Frauen der häusliche Bereich zugewiesen wurde und den Männern der Rest der Welt, hat das mehrere Gründe.

1. Die Familie entstand zuerst in Gegenden, wo es warm war und wenig regnete. Der Aufenthalt im Freien war deshalb angenehmer als im Haus.

2. Viele Männer sind klaustrophobisch veranlagt, d. h. sie

wissen, daß sie nur schlecht kontrolliert werden können, wenn a) die Frau im Haus bleibt und b) sie raus dürfen.

3. Kinder sind meist so klug, zumindest im ersten Lebensjahr die Gesellschaft ihrer Mutter jeder anderen vorzuziehen.

Diese Rollenzuordnung wurde überall mit mehr oder weniger sanften Mitteln durchgesetzt. In China bandagierte man sogar die Füße kleiner Mädchen, damit sie im Haus blieben und ihrem Ehemanne (= Fraueneigentümer) nicht weglaufen konnten.

Parallel zu derartigen Maßnahmen wurden im kulturellen Überbau mit subtileren Mitteln überall die Gehirne bandagiert.

Von (meist männlichen) Dichtern wurde DER MANN für stark und überlegen erklärt, DIE FRAU aber für schwach und unterlegen. Der Verstand wurde DEM MANNE zugeordnet, das Gefühl aber DER FRAU.

Jeder erfahrene Ehemann weiß (und der noch unerfahrene wird es schnell erfahren), daß diese starren Rollenzuordnungen in der Praxis nicht mehr funktionieren.

Der Einzig wahre Eheberater behauptet, daß sie nie funktioniert haben.

Wenn sich jeder gesunde Mann dem Tode nahe fühlt, hat er auch nur einen leichten Schnupfen, während Mütter mit einer Lungenentzündung und 40 Grad Fieber in der Waschküche stehen können, beweist das die überlegene Stärke der Frau und die Schwäche des Mannes.

Wenn Männer wesentlich häufiger aus Liebeskummer Selbstmord begehen als Frauen, beweist das die Gefühlsfähigkeit des Mannes (zumindest seine Fähigkeit, *eigenes* Leid intensiv zu empfinden). Wenn Ehe und Familie jahrtausendelang trotz alledem (tagsüber) funktionierten, beweist das den Verstand der Frau.

Obwohl die Rollenaufteilung zwischen den Geschlechtern durch biologische oder seelische Unterschiede zwischen

Mann und Frau kaum schlüssig zu begründen ist, war sie wirtschaftlich durchaus vernünftig, und mehr wurde von der Ehe auch nicht erwartet: Sie war eine Geschäftsbeziehung besonderer Art, bei der junge Frauen und Männer (oft über deren Köpfe hinweg) verheiratet wurden.

Der junge Prinz heiratete die Prinzessin aus dem Nachbarreich, und was dabei herauskam, war das Bündnis zweier Königreiche und später mal ein einziges doppelt so großes und mächtiges Königreich.

Der älteste Geselle heiratete Goldschmieds Töchterlein, wenn dem Goldschmied kein Sohn geboren war, und übernahm später mal die Werkstatt, um weitere Eheringe herzustellen.

Mit romantischer Liebe, wie sie die Leserin oder der Leser hoffentlich für ihren Geliebten bzw. die Geliebte empfinden, hatte die Ehe in den meisten Fällen überhaupt nichts zu tun. Ganz im Gegenteil: Als im alten Rom ein Senator seiner Ehefrau in herzlicher Liebe zugetan war und sogar in ihrem Bett nächtigte, anstatt in dem einer Kurtisane, galt das als so außergewöhnlich, daß es Narrenhände an alle Wände schrieben und wir diese Spottverse noch heute bewundern können.

Kurztext für Ungeduldige: In der Ehe gibt es unterschiedliche Rollen für die beiden Geschlechter, die nur zum Teil durch natürliche biologische Unterschiede zu begründen sind.

Vierte Lektion fürs Eheglück:
Eros in der Pflicht oder Die Erfindung ehelicher Liebe

«Liebe ist ein Versuch der Natur, den
Verstand aus dem Wege zu räumen.»
(THOMAS NIEDERREUTHER)

Es kann, gerade in diesem Buch, nicht oft genug gesagt werden: Die Ehe hat sich als Institution grundsätzlich bewährt! Sie stellte als lebenslängliche Zweckgemeinschaft die Versorgung von (oft sogar gemeinsamen) Kindern der Ehegatten ebenso sicher wie die gegenseitige Versorgung im Falle von Not, Krankheit und Alter. Sie regelte die Ordnung in Haus und Hof ebenso wie die Erbfolge. Der Zustand des Glücks wurde durch die Ehe keinesfalls angestrebt, aber mehr oder weniger große Zufriedenheit wurde durch die Ehe meist geschaffen. Die Voraussetzungen dafür waren günstig.

Die Wahl des Ehepartners erfolgte nach vernünftigen, d. h. wirtschaftlichen Gesichtspunkten.

Der Graf mochte die Zofe noch so sehr lieben – wenn es ums Heiraten ging, entschied er sich selbstverständlich für die Gräfin, was ja nicht ausschloß, daß er der Zofe weiterhin zugeneigt blieb, bis seine Zuneigung der allgemeinen Entropie (= Unordnung durch Energieverlust) zum Opfer fiel.

Auch das Volk hielt die Ehe für eine nützliche Einrichtung, in der sogar die Pflichten gerecht verteilt waren: Die Frau hatte die Pflicht, die Suppe jeden Tag zu kochen, und der Mann hatte die Pflicht, sie jeden Tag zu essen.

Dieses Buch kann und will nicht die Geschichte der Ehe im Abendland darstellen. Wer eine glückliche Ehe eingehen (= heiraten) oder sich eine glückliche Ehe auf Dauer erhalten (= Quadratur des Kreises) will, muß jedoch wenigstens oberflächlich über die Entwicklung der Ehe unterrichtet sein, denn viele Züge dieser segensreichen Einrichtung haben aus uralten Zeiten bis heute überdauert. Die Rollenzuordnung ist nur einer davon.

Diese Rollenverteilung begann mit der wirtschaftlichen Entwicklung zu zerbröckeln wie ein alter Käse. Die industrielle Revolution rupfte die Familie wie einen Hahn.

In den großen bäuerlichen Lebensgemeinschaften war die Ehefrau für den Hof und das Vieh zuständig, sie kochte für den auf dem Feld im Märzen die Rößlein einspannenden Bauer wie für das Gesinde, nährte und erzog die Kinder und hatte dabei auch oft noch die Kraft, mit jenem jungen Knechte zu nächtigen, dem sie von ganzem Herzen zugetan war.

Mit Beginn der Industrialisierung änderte sich für große Teile der Bevölkerung nach und nach alles.

Die Männer zogen vom Feld in die Fabriken. Aus dem Bauernhof wurde die Zweizimmerwohnung in Berlin-Wedding. Der Staat entblätterte die Familie, indem er sich eine ihrer Aufgaben nach der anderen unter den Nagel riß.

Die Kinder wurden nicht mehr in der Familie erzogen, sondern in der Schule kaum erzogen. Kranke wurden nicht mehr in der Familie gepflegt, sondern im Krankenhaus nicht gepflegt. Die Alten wurden nicht mehr von ihren Kindern gefüttert, sondern bekamen von der Rentenversicherung Geld.

Die Familie verlor eine ihrer Aufgaben nach der anderen, und viele unterhaltspflichtige geschiedene Väter sind der Ansicht, daß es konsequent gewesen wäre, Ehe und Familie spätestens nach Erfindung des Staubsaugers, der Waschmaschine sowie des Mikrowellenherdes gänzlich abzuschaffen.

Gott sei Dank war das nicht so einfach möglich. Die Gen-Technik war noch nicht entwickelt, und die Familie war noch immer jener Ort, wo Kinder auf geordnete Weise a) hergestellt, b) von ihren Eltern versorgt und c) so erzogen werden

Erster Berufs- und Alltagsfrust
weckt den Wunsch jedes jungen
Mannes – zurück in den Mutterleib
wo alles seine Ordnung hat.
Kein Abwasch, kein Einkaufen,
kein Aufräumen.

Erste
vorbereitende
Übungen:

Erste Beschäftigung mit Personen
des weiblichen Geschlechts,
in denen sich obengenannte
Sehnsüchte erfüllen könnten.

SIEHE →
TAFEL 3

konnten, daß sie neue Ehen miteinander eingingen, um a) Kinder herzustellen, b) zu versorgen und c) so zu erziehen, daß sie neue Ehen eingehen.

Deshalb mußten Ehe und Familie erhalten werden, und wie immer, wenn der Verstand am Ende ist, wurden die Gefühle zur Hilfe gerufen.

Die sexuelle Anziehungskraft zwischen den beiden Geschlechtern wurde zur innigen Gattenliebe überhöht und sollte zusammenhalten, was von der wirtschaftlichen Entwicklung auseinandergetrieben wurde. Das Ehebett wurde immer mehr zum einzigen Ort, wo Eros seine wunderbaren Zauberkunststücke veranstalten durfte. Je lauter das Hohelied der Gattenliebe gesungen wurde, desto mehr wurde außereheliche Liebe zwischen Männern und Frauen als «Unzucht» verfolgt und bestraft.

Leider muß sich der Einzig wahre Eheberater nun zu einer ihm besonders schmerzlichen Aussage durchringen: Jene leidenschaftliche Liebe, die Eros zwischen zwei Menschen auf wundersame Weise entstehen lassen kann, dauert nur in sehr seltenen Ausnahmefällen so lange, wie eine Ehe dauern sollte: lebenslänglich, und selbst dieses «bis daß der Tod euch scheidet» ist nicht mehr, was es früher einmal war.

Noch im achtzehnten Jahrhundert war die Lebenserwartung der Menschen so kurz, daß lebenslänglich meist eine Ehedauer von nur 13 Jahren bedeutete. Heute leben die Menschen länger, aber ihre Ehen sind kürzer. Die Ehescheidung wurde und wird im gleichen Maße erleichtert, wie die Familie an wirtschaftlicher Bedeutung verlor und verliert.

Dennoch werden noch immer tagtäglich neue Ehen geschlossen. Es werden sogar mehr Ehen geschlossen, als täglich von Gerichten geschieden werden, aber selbstverständlich ist eine Ehe (ganz zu schweigen von einer glücklichen) durchaus nicht mehr. Eine Ehe ist kein möblierter und tapezierter Palast, in den man nur einzuziehen braucht, sondern sie ist ein Versuch zweier Menschen, sich und ihren Kindern ein Geborgenheit und Wärme schaffendes Haus zu bauen. Wenn es nicht zusammenbrechen soll, müssen sie sehr genau wissen, auf was sie sich einlassen.

Kurztext für Ungeduldige: Mit der Industrialisierung verloren Ehe und Familie viele wirtschaftliche Aufgaben. Die sexuelle Anziehungskraft zwischen den beiden Geschlechtern soll zusammenhalten, was immer mehr auseinanderzudriften droht, und sie schafft das nicht immer. Leidenschaft ist gewöhnlich höchst vorübergehend, Ehe aber will Dauer. Theoretisch lebenslängliche.

Ehefestigkeits-Härtetest Nr. 1 (für beide Geschlechter) Das Grundwissen über das Wesen der Ehe

(Kreuzen Sie die hinter Ihrer Antwort angegebenen Punktzahlen an. Zu jedem Fragenkomplex ist nur eine Antwort möglich. Addieren Sie mit Hilfe einer Rechenmaschine anschließend sämtliche von Ihnen erzielten Punkte. Die Gesamtpunktzahl gibt jeweils Auskunft über einen wichtigen Teilbereich Ihrer Ehefähigkeit.)

1. Die Ehe ist a) ein unauflösliches Sakrament (5), b) ein Versuch, die menschliche Sexualität zu reduzieren (50), c) eine Institution zur Ausbeutung des Mannes / der Frau (100), d) ein Abenteuer mit ungewissem Ausgang (500).

2. Ich will heiraten / habe geheiratet, weil ich a) ein aufregenderes Sexualleben will (50), b) weil inzwischen die mei-

sten meiner Freunde / Freundinnen verheiratet sind (5), c) damit mein Freund / meine Freundin keine(n) andere(n) heiratet (100), d) weil wir uns beide Kinder wünschen (500), e) ich lebenslang versorgt werden möchte (0).

3. Wenn mein Mann / meine Frau außereheliche Beziehungen aufnehmen sollte, a) mache ich ihm / ihr eine Eifersuchtsszene (5), b) ziehe ich aus und reiche die Scheidungsklage ein (100), c) tausche ich mit dem Freund meiner Frau Computerprogramme bzw. mit der Freundin meines Mannes Kochrezepte (500), d) schlage ich eine Nacht zu dritt vor (50).

4. Wenn mein Mann / meine Frau sich scheiden lassen will, a) versuche ich das zu verhindern und werfe mich vor der Scheidung hinter einen Zug (5), b) bin ich froh, weil ich längst mit einem / einer anderen zusammenziehen will (50), c) kümmere ich mich um Zugewinn-, Versorgungsausgleichs- sowie Unterhaltsansprüche bzw. -verpflichtungen und halte nach einem neuen Ehemann / einer neuen Ehefrau Ausschau (500), d) kämpfe ich um meinen Mann / meine Frau mit allen erlaubten und unerlaubten Mitteln (100).

5. Die Angehörigen, Bekannten und früheren Freunde / Freundinnen meines Mannes / meiner Frau a) haben mit mir und unserer Ehe nichts zu tun und in unserem trauten Heim nichts zu suchen (5), b) sind mir höchst willkommen, vielleicht ist einer für einen Seitensprung geeignet (50), c) können vielleicht auch meine Freunde werden, ich gucke sie mir auf alle Fälle mal an (500), d) sind ein lästiges, aber unvermeidliches Übel. Ich toleriere sie so gut wie möglich (100).

Testergebnis:

25 bis 100

Haben Sie bisher auf einem anderen Planeten bzw. in der Reader's-Digest-Welt gelebt? Ihre Ansichten stammen aus dem vorigen Jahrhundert, und wenn Sie keinen Partner für eine gemeinsame Zeitreise in die Vergangenheit finden bzw. gefunden haben, werden Sie in der Ehe unglücklich.

250 bis 300

Sind Sie ein Sexmaniac bzw. eine Nymphomanin? Sie sind für die Ehe denkbar ungeeignet bzw. nur für eine Ehe von höchstens zwei Jahren Dauer geschaffen. Warum wollen Sie denn heiraten oder haben sogar geheiratet? Was Sie wollen, bekommen Sie auch ohne Ehe. Wenn Sie Furcht vor AIDS haben – warum kaufen Sie sich keine aufblasbare Gefährtin bzw. einen guten Vibrator?

500 bis 750

Ihre Auffassungen sind ziemlich durchschnittlich, und Sie erscheinen für eine mehr oder weniger durchschnittliche Ehe gut geeignet. Sehen Sie sich nach einem gleichfalls durchschnittlichen Partner um, wenn Sie ihn nicht schon haben. Stellen Sie als Frau möglichst schnell die Geburt des ersten Kindes sicher bzw. richten Sie sich als Mann so schnell wie möglich ein geheimes Bankkonto im Ausland ein. 50 % der Durchschnittsehen scheitern in den ersten vier Jahren.

2000 bis 2500

Bingo! Auch wenn man in einer Ehe niemals vor Überraschungen sicher sein kann, Ihre Auffassungen und Erwartungen von der Ehe erscheinen realistisch. Wenn Sie bei der Wahl Ihres Ehemannes / Ihrer Ehefrau genauso sorgfältig vorgehen oder vorgegangen sind wie bei diesem Test, dürfte es nicht an Ihnen liegen, falls Ihre Ehe scheitern sollte. Wagen Sie danach

ruhig noch zwei weitere Versuche. Sie sind die ideale Ehefrau / der ideale Ehemann. Jedenfalls nach Ihrem Ergebnis des
ersten Härtetests. Freuen Sie sich aber nicht zu früh darüber.
Wie in der Ehe folgt im Einzig wahren Eheberater auf jeden
Test der nächste.

Zweiter Teil des Ehe-Unterrichts:

*Die Entscheidung für den richtigen Ehepartner
bzw. die genaue Überprüfung einer schon getroffenen
Partnerwahl*

Fünfte Lektion fürs Eheglück:
*Allgemeine natürliche Kriterien für die Partnerwahl
von Frau und Mann bei der Begattung*

> «Unsere Mitmenschen beurteilen wir
> an Hand von Maßstäben, die uns ange-
> boren sein dürften.»
> (IRENÄUS EIBL-EIBESFELDT)

Im Tierreich ist die Partnerwahl (sofern der Mensch nicht durch Haustierhaltung und Zwangsbesamung eheähnliche Zustände schafft) eine vergleichsweise klare und einfache Sache. Jedes männliche Tier versucht prinzipiell zur Brunftzeit so viele weibliche Wesen wie möglich zu begatten. Auch wo es bei einigen wenigen Tierarten mit vergleichsweise kleinem Gehirn, z. B. Tauben und Schwänen sowie Graugänsen, längerwährende Beziehungen gibt, erfolgt die Partnerwahl im Hinblick auf möglichst gesunde, überlebensfähige Nachkommenschaft.

Die Natur ist so eingerichtet, daß weibliche Lebewesen die stärksten männlichen bei der Paarung bevorzugen, männliche die jüngsten, gesündesten und gebärfähigsten weiblichen. Wenn Hirsche im Wald um ein besonders attraktives Reh kämpfen, erzeugen sie dabei einen Lärm, der an das Aufheulen von Automotoren vor einer Diskothek erinnert.

Was als stark und überlebensfähig bzw. schön und gebärfähig gilt, hat die Natur in jedes Lebewesen sozusagen einprogrammiert.

Auch ihren Instinkten noch folgende Primaten (= vergleichsweise primitive Männer und Frauen) bevorzugen bei der Gattenwahl jenes Individuum des anderen Geschlechts, das möglichst gesunden und überlebensfähigen Nachwuchs verspricht. Männer (besonders vergleichsweise natürliche, also primitive) bevorzugen bei der Paarung Frauen mit gebärfreudigen Hüften (= großer Hintern) und ausgeprägten sekundären Geschlechtsmerkmalen (= großer Busen).

Frauen wissen das und betonen solche Eigenschaften. Wenn sie gebärfähig werden (etwa mit 12 Jahren), bevorzugen sie oft Schuhe mit hohen Absätzen, enge Kleider oder Miniröcke, die Männer zur Paarung anlocken sollen. Manche, deren sekundären Geschlechtsmerkmale (= Busen) klein sind, sind bestrebt, ihn größer erscheinen zu lassen. Sie stopfen Büstenhalter mit Zellstofftaschentüchern aus (= schwerer Betrug), drücken den Busen durch Korsetts (= Folterinstrument) nach oben, um ihn größer erscheinen zu lassen (= einfacher Betrug), oder lassen sich Silikon in den Busen einbauen (= schwere Dummheit, weil krebsfördernd).

Frauen (besonders vergleichsweise natürliche) bevorzugten bei der Paarung in grauen Vorzeiten gleichfalls Männer, deren breite Schultern und kräftige Muskulatur darauf hindeuteten, daß sie für schwangere Frauen und Kleinkinder genug Nahrung heranschaffen konnten.

Gewiß versuchten zeitweilig Männer, auch ihr primäres Geschlechtsmerkmal so groß wie möglich erscheinen zu las-

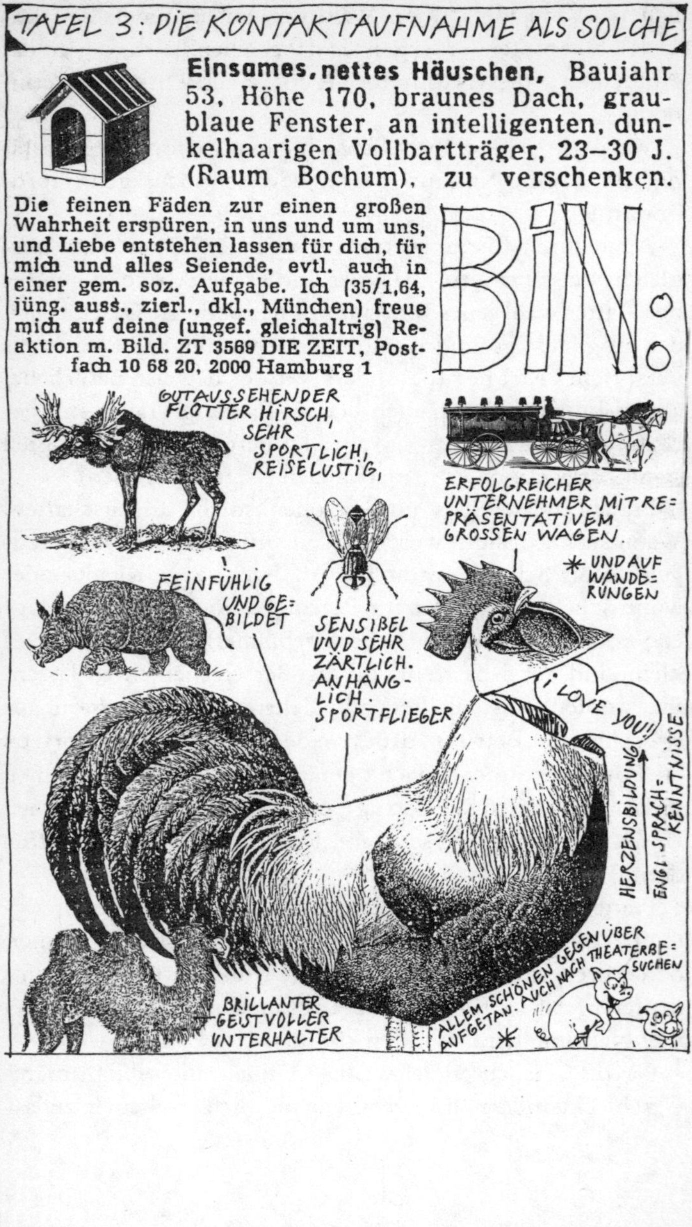

Einsames, nettes Häuschen, Baujahr 53, Höhe 170, braunes Dach, graublaue Fenster, an intelligenten, dunkelhaarigen Vollbartträger, 23–30 J. (Raum Bochum), zu verschenken.

Die feinen Fäden zur einen großen Wahrheit erspüren, in uns und um uns, und Liebe entstehen lassen für dich, für mich und alles Seiende, evtl. auch in einer gem. soz. Aufgabe. Ich (35/1,64, jüng. auss., zierl., dkl., München) freue mich auf deine (ungef. gleichaltrig) Reaktion m. Bild. ZT 3569 DIE ZEIT, Postfach 10 68 20, 2000 Hamburg 1

BIN.

GUTAUSSEHENDER FLOTTER HIRSCH, SEHR SPORTLICH, REISELUSTIG,

ERFOLGREICHER UNTERNEHMER MIT REPRÄSENTATIVEM GROSSEN WAGEN.

FEINFÜHLIG UND GEBILDET

SENSIBEL UND SEHR ZÄRTLICH. ANHÄNGLICH. SPORTFLIEGER

* UND AUF WANDERUNGEN

¡ I LOVE YOU!!

HERZENSBILDUNG

ENGL. SPRACHKENNTNISSE.

BRILLANTER GEISTVOLLER UNTERHALTER

ALLEM SCHÖNEN GEGENÜBER AUFGETAN. AUCH NACH THEATERBESUCHEN *

sen. Schneider im Mittelalter versahen Männerhosen mit höchst einfallsreich konstruierten Erkern, die nicht vorhandene Größe vortäuschen sollten (= höchst überflüssiger Betrug). Die Männer waren sehr schnell zu der Einsicht gezwungen, daß Frauen auf derlei Betrug nicht hereinfallen.

Zwar setzte sich die Hasenpfote in der Hose des Ballett-Tänzers (= künstlerischer Betrug) durch, aber die meisten Männer beschränkten sich danach weitgehend auf die Betonung von Muskulatur und breiten Schultern.

In Body-Building-Studios lassen sich manche Männer noch heute in Kraftmaschinen einspannen (= Folter). Militärs betonen ihre Schultern mit Epauletten (= schwerer Betrug, weil oft aus Metall). Manche Zivilisten lassen sich vom Schneider ihre Anzugjacken mit viel Watte aufpolstern (= leichter Betrug). Der intelligente moderne Mann hat aber auch hier längst einsehen müssen, daß Frauen viel zu klug sind, um sich a) bei der Partnerwahl durch solche Vortäuschung falscher Tatsachen irreführen zu lassen oder b) ihren Partner nach Kriterien auszuwählen, die während der Steinzeit die richtigen waren. Ein hohes Einkommen erscheint ihnen heute gewöhnlich weit wichtiger als breite Schultern.

Das gilt besonders für die Wahl des Ehepartners. Von zwei Partnern mit gleich großem Einkommen dürften aber viele Frauen noch immer jenen mit den breiteren Schultern bevorzugen. Der Autor trägt deshalb (nur zur Sicherheit) meist schlichte (in den Schultern weit geschnittene) Anzüge aus dem Hause Armani bzw. Versace. Zu seinem Kummer entdeckt er sogar immer mehr Frauen, die ihre Schultern betonen, meist durch Jacken von Armani oder Versace.

Kurztext für Ungeduldige: Männer sind meist heute noch naturnäher (= primitiver) als Frauen. Sie orientieren sich bei der Partnerwahl noch immer häufig an Steinzeitkriterien. Frauen sind heute meist naturferner (= zivilisierter) als Männer. Diese Divergenz (= der große Unterschied) schafft bei der Wahl des geeigneten Ehepartners nicht geringe Probleme.

Sechste Lektion fürs Eheglück:
Die Kenntnis des Unterschiedes zwischen ehelicher und
leidenschaftlicher Liebe als Grundvoraussetzung der
richtigen Wahl des richtigen Ehepartners

> «Das Problem in der Ehe liegt darin, daß jede Frau im Herzen eine Mutter ist und jeder Ehemann im Herzen ein Junggeselle bleibt.»
>
> (EDWARD LUCAS)

Wer den ersten Teil des Einzig wahren Eheberaters mit der gebotenen Gründlichkeit durchgearbeitet hat, dürfte inzwischen zu der Ansicht gelangt sein, daß sich die leidenschaftliche Liebe von der ehelichen Liebe etwa so unterscheidet wie das Silvester-Höhenfeuerwerk über New York von einer Petroleumlampe. Diese Ansicht ist richtig.

Ein Höhenfeuerwerk ist strahlend hell und leuchtet faszinierend in allen möglichen Farben, es zischt und knallt – und es dauert bestenfalls eine gute Stunde. Danach ist es wieder stockfinster.

Die Petroleumlampe aber, so schwach ihr Licht auch sein mag (besonders wenn der Docht verschmutzt ist) – sie leuchtet zwar bei weitem nicht so stark und bunt, aber sie spendet länger ihr Licht. Wenn regelmäßig Petroleum nachgefüllt wird, funzelt sie zuverlässig und dauerhaft. Wenn man den Zylinder regelmäßig putzt und die Länge des Dochtes sorgfältig kontrolliert, hält eine gute Petroleumlampe oft ein Menschenleben lang.

Die meisten Menschen empfinden Unterschiede wie den zwischen einem Höhenfeuerwerk und einer Öllampe als selbstverständlich. Am liebsten wäre vielen zwar ein Höhenfeuerwerk, das so lange und zuverlässig leuchtet wie die Petroleumlampe bzw. eine Petroleumlampe, deren Licht den Himmel von Manhattan bis zur Bronx in allen Farben bemalte, aber auch sie sehen es als selbstverständlich an, daß es derlei nicht gibt.

Merkwürdigerweise versuchen jedoch viele Menschen, Unvereinbares unter einen Hut bzw. die Decke ihres Ehebettes zu bekommen, wenn es ums Heiraten geht.

Sie wollen leidenschaftliche Liebe mit lebenslänglicher Dauer bzw. dauerhafte eheliche Liebe mit der Intensität einer Leidenschaft, und der Einzig wahre Eheberater kann nur voll Bedauern den Kopf schütteln: Dieses Vermischen und Vermengen von zwei Formen von Liebe, die überhaupt nichts miteinander zu tun haben, führt dazu, daß immer mehr Ehen scheitern. Die Ursachen dieses Scheiterns sind wie meist in den Anfängen zu suchen, und der Anfang einer scheiternden Ehe ist zweifellos eine falsche Wahl des Ehepartners.

Sosehr die Schönheit einer Frau bzw. ihre hervorragenden Fähigkeiten beim Einkauf in Boutique und Parfümerie sie zur idealen leidenschaftlichen Geliebten qualifizieren mögen – für die eheliche Liebe erscheint wichtiger, daß eine Frau mit dem Einkommen auch auszukommen fähig ist.

So beglückend es sein kann, wenn eine leidenschaftliche Geliebte ihren Geliebten in der Nacht lustbereitend zu schwächen vermag – was die eheliche Liebe betrifft, sind nachts alle Katzen grau. Auch die blonden. Hier ist wichtiger, daß die Ehefrau den Mann morgens pünktlich aus dem Bett herausbekommt.

Sosehr ein durchtrainierter Körper und ein herb sprießender Dreitagebart bzw. das Vibrieren des Motors seines Sportwagens einen Mann zum Geliebten qualifizieren mögen – für die eheliche Liebe erscheint wichtiger, daß er den Weg zum nächsten Mülleimer nicht mit dem in die nächste Bar verwechselt und daß er notfalls den Motor einer kaputten Waschmaschine reparieren kann.

So beglückend die Zauberkunststücke sein mögen, die ein Mann im sanften Rotlicht seiner Nachttischlampe zu vollbringen vermag – für die eheliche Liebe ist wichtiger, was er dort vollbringt, wo Schreibtischlampen oder helle Leuchtstoffröhren die Szene erhellen.

Der Einzig wahre Eheberater will keinesfalls behaupten, daß sich leidenschaftliche Liebe und eheliche Liebe gegenseitig ausschließen. Im Gegenteil, viele Ehen sind ein Versuch, leidenschaftlicher Liebe Dauer zu verleihen, und genau das erscheint so schwierig wie der Versuch, ein Perpetuum mobile zu konstruieren: Alles in der Welt unterliegt dem Gesetz der Entrophie (= Unordnung durch Energieverlust).

In einer Informationsgesellschaft muß auch Eheberatung wissenschaftlich sein. Die durch jahrzehntelange Beobachtungen gewonnene Erkenntnis des Autors ist eindeutig: In jede, und zwar ausnahmslos *jede* Ehe ist unter anderem eine Art Transformator eingebaut, der die ungesund hohe Stromspannung leidenschaftlicher Liebe auf die harmlosen Volt- und Amperewerte einer Märklin-Eisenbahn reduziert. Die Transformatoren unterscheiden sich von Ehe zu Ehe nur durch die Geschwindigkeit, mit der sie diese zivilisatorische Leistung bewirken.

Kurztext für Ungeduldige: Eheliche Liebe ist etwas völlig anderes als leidenschaftliche Liebe. Diese Tatsache ist bei der

Wahl des Ehepartners als Hauptkriterium zu berücksichtigen. Wird sie nicht berücksichtigt, hat das gewöhnlich a) ein Scheitern der Ehe, b) eine unglückliche Ehe bzw. c) eine offene Ehe (= Widerspruch in sich) zur Folge. Ausnahmen bestätigen wie immer die Regel bzw. sind gelogen.

Siebte Lektion fürs Eheglück:
Die Wahl des idealen Ehemannes bzw.
die Verwandlung eines überzeugten Nichtehemanns
in einen brauchbaren Ehemann

> «Die meisten Frauen wählen ihr Nacht-
> hemd mit mehr Verstand als ihren Mann.»
> (Coco Chanel)

Die Beschaffenheit des idealen Mannes, den sich jedes Mädchen für seine Ehe wünscht, ist hinlänglich bekannt.

Er soll so schön sein wie Rudolpho Valentino (wenn sie blonde Männer liebt: wie Arnold Schwarzenegger), so reich sein wie Rockefeller, so intelligent wie Stephen W. Hawking, so gut Auto fahren können wie Niki Lauda, so liebevoll und warmherzig sein wie (hoffentlich) der eigene Vater – und gleichzeitig so unendlich blöd, daß er sie heiratet, obwohl sie in der Matheklausur gerade eine Fünf geschrieben hat, gegen die Akne kämpft und (das ist überhaupt das schlimmste) a) einen zu großen oder b) einen zu kleinen Busen hat.

Spätestens wenn dieses Mädchen auch geistig zur Frau geworden ist, sieht es ein, daß es diesen Traummann a) nicht gibt oder b) er längst mit einer Traumfrau verheiratet ist. Auch wenn letzteres der Fall ist und der Traummann in einer offenen Ehe lebt, erfährt eine Frau aber gewöhnlich schon in ihrer Zeit als seine Geliebte (= Noch-nicht-Ehefrau), daß auch dieser Mann kein Traummann ist bzw. zur Ehe mit ihr nicht geeignet, weil er sich von seiner Traumfrau nicht scheiden lassen will.

Deshalb setzt die Entscheidung für die Ehe zuallererst voraus, das Wunschbild vom idealen Ehemann durch ein realistischeres vom möglicherweise zum eigenen Ehemann zu formenden Manne zu ersetzen.

Obwohl eine bildschöne Traumfrau, eine Realschullehrerin in Würzburg, angesichts dieser Aufgabe derart scheiterte, daß sie aus 264 Zuschriften auf eine Heiratsanzeige nur drei Bewerber einer näheren Prüfung für würdig erachtete, die sie nicht bestanden, ringen sich zahlreiche Frauen irgendwann zur Einsicht durch, daß ein mittelmäßiger Ehemann immer noch besser ist als gar keiner.

Diese Frau hat dann den Zustand der sog. Ehefähigkeit erreicht, d. h. sie liebt die Ehe bereits vor deren Beginn mehr als den zukünftigen Ehemann. Die Wahl erscheint jetzt endlich leicht – und genau in dieser Situation muß die Frau erkennen, daß es verfügbare Ehemänner überhaupt nicht gibt.

Alle Männer sind entweder schon verheiratet, d. h. sie müßten eine Ehe ihretwegen aufgeben und wären keine Ehemänner mehr, oder sie sind unverheiratet und haben keine Lust, diesen Zustand zu ändern. In beiden Fällen ist die Frau gezwungen, einen Nichtehemann zum Ehemann zu machen. Die Wahl des dafür geeigneten Nichtehemannes ist leicht.

Gesicherte soziologische Erkenntnis beweist, daß jene Ehen am haltbarsten und glücklichsten sind, die (z. B. in Südkorea) entweder von Eltern oder Eheagenturen nach rein wirtschaftlichen Kriterien vermittelt werden.

Dafür sind entscheidend a) Beruf, Bildung und Religion des möglichen Ehemannes, b) seine Gesundheit und sein Alter, c) sein Vermögen bzw. das Vermögen seiner Familie, d) seine aus der Biographie ersichtliche Charakterfestigkeit.

Die eheliche Liebe (= Liebe zur Ehe, keinesfalls zum Ehemanne!) stellt sich in der Regel im Laufe der Ehe von selbst ein.

In unserem Kulturkreis werden Ehen meist nicht auf diese sinnvolle Weise gestiftet, sondern die Frau ist gezwungen, sich einen der verfügbaren Männer zu suchen und den Versuch zu unternehmen, ihn zum Ehemann umzuformen.

Auf welche Weise sie das (gewöhnlich über das Zwischenstadium der Geliebten) bewirken kann, ist jeder Frau so gut bekannt, daß der (männliche) Eheberater hierzu jeglichen Rat an Frauen für überflüssig hält.

Kurztext für ungeduldige Leserinnen: Geborene Ehemänner gibt es nicht. Man muß einen Nichtehemann finden und zum Ehemann formen. Die Auswahlkriterien dabei sind für die kluge Frau: a) Beruf, Bildung und Religion des möglichen Ehemannes, b) seine Gesundheit und sein Alter, c) sein Vermögen bzw. das Vermögen seiner Familie, d) seine aus der Biographie ersichtliche Charakterfestigkeit, e) daß er ihr gefällt und f) daß er sich Kinder wünscht, wenn sie sich welche wünscht. Die eheliche Liebe stellt sich von selbst ein. Sollte leidenschaftliche Liebe im Spiel sein, wird sie zu ehelicher Liebe umgeformt.

Achte Lektion fürs Eheglück:
Die Wahl der idealen Ehefrau bzw.
die Verwandlung eines noch nicht oder anderweitig
verheirateten Geliebten in deren Ehemann

> «Eine Ehefrau ist die Steuer, die man für
> den Luxus bezahlen muß, Kinder zu haben.»
> (GABRIEL LAUB)

Die Beschaffenheit der idealen Frau, die sich jeder Junge zur Geliebten wünscht, ist hinlänglich bekannt.

Sie soll so schön sein wie Isabel Adjani (wenn er blonde Frauen liebt: wie Marilyn Monroe), so sinnlich wie die meist weit geöffneten Fotomodelle im «Hustler» (= Männer- bzw. Gynäkologenfachmagazin), so reich sein wie Barbara Hutton vor deren erster Ehe, so gut in höherer Mathematik sein, daß sie mit dem Wirtschaftsgeld auskommt, so gut kochen können wie Wolfram Siebeck, die Wohnung so sauber halten wie ein Chemiker sein Forschungslabor, so liebevoll und warmherzig sein wie (hoffentlich) die eigene Mutter und – und gleichzeitig so unendlich blöd, daß sie ihn, nein, nicht unbedingt heiraten will, sondern als Geliebten akzeptiert, obwohl er sich dauernd beim Rasieren schneidet, einen uralten verrosteten Mikado Prolo GTI fährt und (das ist überhaupt das schlimmste) a) gewöhnlich keine Mark in der Tasche hat und b) sein Bankkonto dauernd überzogen ist.

Spätestens wenn dieser Junge auch geistig zum Manne geworden ist, sieht er ein, daß es diese Traumfrau a) nicht gibt oder b) sie längst mit einem Traummann verheiratet ist.

Jene Frauen, die sich als ihm nicht abgeneigt erweisen, akzeptieren ihn zwar eine Zeitlang als Geliebten, beginnen aber im Regelfalle, ihn langsam, aber sicher zum Ehemann umzuformen.

Gewiß vermögen es Männer (besonders gut verdienende und besonders attraktive), diesen Verwandlungsprozeß zu verzögern, aber das nur vorübergehend. Obwohl es einem Berliner PanAm-Piloten gelang, 40 Jahre lang Junggeselle (Noch-nicht-Ehemann) zu bleiben, sah er im Alter von 58 Jahren aber dennoch ein, daß eine mittelmäßige Ehefrau besser ist als gar keine Frau. Dieser Mann hat den Zustand der sog. Ehefähigkeit erreicht, d. h. er liebt eine bestimmte Frau mehr, als er der Ehe (völlig zu Unrecht) mißtraut.

Bei den meisten Männern (besonders wenn sie sich Kinder wünschen) verläuft die Entwicklung zur Ehefähigkeit allerdings wesentlich schneller; sie werden sozusagen zur Ehefähigkeit entwickelt. Das macht die Wahl einer Ehefrau für Männer keinesfalls einfacher. Sie müssen auf der Hut sein, nicht von der für sie falschen Frau gewählt zu werden, sondern von der richtigen, aber dies ist leicht. Der Einzig wahre Eheberater weiß auch jedem Manne individuellen, speziell auf seine Situation zugeschnittenen Rat zu erteilen:

Gesicherte soziologische Erkenntnis beweist, daß jene Ehen am haltbarsten und glücklichsten sind, die (z. B. in Südkorea) entweder von Eltern oder Eheagenturen nach rein wirtschaftlichen Kriterien vermittelt werden.

Dafür sind entscheidend: a) Beruf, Bildung und Religion der möglichen Ehefrau, b) ihre Gesundheit und ihr Alter, c) ihr Vermögen bzw. das Vermögen ihrer Familie, d) ihre aus der Biographie ersichtliche Charakterfestigkeit.

Die eheliche Liebe (= Liebe zur Ehefrau, keinesfalls zur Ehe!) stellt sich in der Regel im Laufe der Ehe von selbst ein. In unserem Kulturkreis werden Ehen gewöhnlich meist nicht auf diese sinnvolle Weise gestiftet, sondern die Männer werden mehr oder weniger sanft gezwungen, sich von einer dazu bereiten Frau erwählen und von ihr zum Ehemann umformen zu lassen.

Auf welche Weise sie das (gewöhnlich über das Zwischen-

TAFEL 4: DIE ENTWICKLUNG DER FRAU

Vom guten Engel
zur heißen himmlischen Prinzessin.
Von der balinesischen Liebestänzerin
zur wunderbaren Lebenspartnerin
von heute.

GLEICH GIBT ES WAS AN DIE NUSS, LIMM-ROTH!

stadium der Geliebten [= Noch-nicht-Ehefrau]) bewirken kann, ist jeder Frau so gut bekannt, daß der (männliche) Eheberater hierzu jeglichen Rat für überflüssig hält.

Kurztext für ungeduldige Leser: Die meisten Frauen sind in ihrem Herzen zur Ehefrau geboren. Man muß es nur schaffen, sich nicht von der falschen Frau zum Ehemann umformen zu lassen. Die Auswahlkriterien dabei sind für den klugen Mann: a) Beruf, Bildung und Religion der möglichen Ehefrau, b) ihre Gesundheit und ihr Alter, c) ihr Vermögen bzw. das Vermögen ihrer Familie, d) ihre aus der Biographie ersichtliche Charakterfestigkeit, e) daß sie ihm gefällt und f) daß sie sich Kinder wünscht, sofern er sich welche wünscht. Wenn er sich keine Kinder wünscht, wird sie ihm dabei behilflich sein, diese Fehlhaltung zu korrigieren. Die eheliche Liebe stellt sich von selbst ein. Sollte leidenschaftliche Liebe im Spiel sein, wird sie wie immer in der Ehe zu ehelicher Liebe umgeformt.

Neunte Lektion fürs Eheglück:
Die Gleichwertigkeit der Ehepartner

> «Liebe ist der Entschluß, das Ganze eines Menschen zu bejahen, egal aus welchen Einzelheiten es besteht.»
> (frei nach OTTO FLAKE)

Einigermaßen überrascht werden viele nun annehmen, es sei völlig gleichgültig, wen sie heiraten. Diese Ansicht wäre etwas verfehlt.

Die alte Lehre vom Eheglück riet noch dazu, sich nach

Möglichkeit einen Menschen mit gleichen oder ähnlichen Eigenschaften zum Ehegatten bzw. zur Ehegattin zu wählen. Die moderne Ehekunde ist davon abgekommen, weil sie Körners Erstes Ehetheorem kennt: «Nach der Eheschließung ändert sich jeder Mensch grundsätzlich. Diese Veränderung tritt nur bei jenen Eigenschaften nicht ein, deren Veränderung sich der jeweilige Ehepartner dringend wünscht.»

Das erste Grundgesetz der Ehemechanik deutet jedoch darauf hin, daß sich die Gesamtwertigkeit eines Menschen auch in der Ehe wenig ändert. Das macht eine glückliche Ehe überhaupt erst möglich.

Professor David Buss von der Universität Michigan hat zehntausend Menschen in dreiunddreißig Ländern über die Beschaffenheit ihres Wunschpartners befragt. Die dabei gewonnene Erkenntnis ist völlig überraschend: Überall auf der Welt wünschen sich Männer junge und attraktive Partnerinnen. Die Frauen suchen überall ältere, ehrgeizige, gutverdienende Partner.

Gäbe es jetzt das erste Grundgesetz der Ehemechanik nicht, fiele jede Ehe irgendwann der sog. «biologisch-materiellen Schere» zum Opfer. Im gleichen Maße, wie sie älter werden, verlieren Frauen zweifelsfrei an Jugend und Attraktivität. Männer werden zwar auch nicht jünger, wenn sie älter werden, ihr Alter, ihr Ehrgeiz und ihr Einkommen sowie ihre Verdienste nehmen aber gewöhnlich zu.

Das zweite Gesetz der Ehemechanik erfordert zwingend, daß (obwohl es gleichgültig ist, welche Eigenschaften *ein* Mensch hat) die Differenz zwischen seinen vom Ehepartner als positiv empfundenen und seinen vom Partner als negativ empfundenen Eigenschaften immer konstant bleiben muß. Gelingt das nicht, ist die glückliche Ehe gefährdet.

Überall auf der Welt bemühen sich glücklich verheiratete Männer und Frauen ständig, ihre Gesamtwertigkeit konstant zu halten.

Eine Frau, die älter wird, verliert zwar für den Mann (nach Prof. Buss) an einer positiven Eigenschaft (der Jugend), aber sie ist bemüht, das auszugleichen: Sie bemüht sich darum, besser zu kochen, und sie kümmert sich mehr um ihren Mann, z. B. um seine Steuererklärungen.

Ein Mann, der älter wird, gewinnt zwar für die Frau an positiven Eigenschaften (Ehrgeiz und Einkommen), aber auch er ist bestrebt, das auszugleichen: Er bemüht sich, liebloser zu erscheinen, und er kümmert sich weniger um seine Frau, z. B. versucht er den Eindruck zu erwecken, er habe eine neue Frisur oder ein neues Kleid seiner Frau überhaupt nicht bemerkt.

Kurztext für Ungeduldige: Welche Eigenschaften ein möglicher Partner im einzelnen hat, ist unerheblich. Sie ändern sich grundsätzlich. Wichtig für die Ehe ist allein, daß zwei Ehepartner insgesamt gleichwertig sind und es auch bleiben.

Ehefestigkeits-Härtetest Nr. 2
Der subjektive Wert eines potentiellen bzw. bereits
vorhandenen Ehepartners

(Dieser Test muß von beiden Partnern getrennt durchgeführt werden. Da jeder Mensch von seinen positiven Eigenschaften restlos überzeugt ist bzw. wenig negative Eigenschaften hat, dient dieser Test nicht der Ermittlung des eigenen Wertes, von dem jeder überzeugt ist. Er soll vielmehr bei der Bewertung eines potentiellen bzw. schon vorhandenen Ehepartners helfen. Dafür ist erforderlich, daß Leser und Leserin getrennt jenen Gesamtwert ermitteln, den die Summe der Eigenschaften des anderen für ihn bzw. sie hat. Kreuzen Sie zu jeder Frage eine mögliche Antwort an und addieren Sie anschließend. Die Gesamtzahl der Punkte, die Sie einem Partner zubilligen, ist jener Wert, den er für Sie hat.)

Teil A: Ermittlung des Wertes eines Mannes für die Frau
(von der Leserin auszufüllen)

1. Ich beurteile das Einkommen des Mannes als a) hervorragend, einfach Spitze (1000), b) zufriedenstellend (500), c) mäßig, aber man kann notfalls davon leben (100), d) Einkommen ist nicht vorhanden (0).

2. Der Mann ist a) sehr zuverlässig (1000), b) im allgemeinen zuverlässig (500), c) ziemlich unzuverlässig (100), d) ein Total-Chaot (0).

3. Er ist in seinem Beruf a) sehr tüchtig (1000), b) einigermaßen tüchtig (500), c) durchschnittlich tüchtig (100), d) länger als sechs Monate arbeitslos (0).

4. Er ist a) sehr ordentlich, fast pedantisch (1000), b) mäßig verschlampt (500), c) ziemlich verschlampt (100), d) total verschlampt (0).

5. Er ist a) sauber und stets gepflegt (1000), b) halbwegs gepflegt (500), c) mäßig gepflegt, wenn ich ihm sage, daß er mal wieder baden und zum Friseur müßte (100), d) total ungepflegt; man riecht ihn schon, bevor man ihn sieht (0).

6. Sein Auto ist a) ein neuer Wagen mit mehr als 3 Liter Hubraum und mehr als 175 PS (1000), b) ein Fahrzeug der oberen Mittelklasse, nicht älter als vier Jahre (500), c) ein alter Gebrauchtwagen, über den der TÜV den Kopf schüttelt (100), d) ein Sportwagen bzw. ein mit Rallye-Streifen und Spoiler aufgemöbelter Kleinwagen (0 Punkte: Vorsicht, Junggesellenfahrzeuge!)

7. Seine sexuellen Wünsche und seine Art, sie zu verwirk-
lichen, a) beglücken mich regelmäßig (1000), b) sind mir
durchaus angenehm (500), c) kann ich klaglos ertragen
(100), d) sind mir äußerst unangenehm, ja fast pervers (0).

8. Er wünscht sich Kinder a) unbedingt (2000, wenn ich
mir auch welche wünsche, ansonsten 0), b) er möchte
Kinder (1000), c) er hat nichts gegen eigene Kinder, sofern sie wirklich von ihm sind (100), d) er kann Kinder
nicht ausstehen (0; sofern Sie genauso denken 2000).

9. Er will, daß ich a) auf Dauer im Beruf bleibe (ab
2500 DM Nettoeinkommen der Frau: 500, sonst 0),
b) im Beruf bleibe, bis wir Kinder haben (500, wenn die
Frau keine Kinder möchte, 2000), c) daß ich trotz Kind
weiterarbeite und zum Familieneinkommen auch durch
Berufstätigkeit beitrage (100), d) er will sich nur um den
Haushalt und das Kind kümmern, während ich in meinem Beruf arbeite (bei Nettoeinkommen der Frau über
5000 DM: 2000 Punkte, bei geringerem Einkommen 0).

10. Seine Eltern, Angehörigen und Freunde sind mir a) sehr
sympathisch (1000), b) nicht unangenehm, aber inter-
essieren mich wenig (500), c) ziemlich unsympathisch,
aber ich lasse sie das nicht merken (100), d) total unsympathisch, ich finde besonders seine Mutter als ziemlich
übel (0).

Zwischenergebnis:
Die Punktzahl, d. h. der Wert dieses Mannes beträgt für mich

_____ Punkte

Teil B: Ermittlung des Wertes einer Frau für den Mann
(vom Leser auszufüllen)

1. Die sexuellen Wünsche der Frau und ihre Art, auf meine Wünsche einzugehen, a) beglücken mich regelmäßig (5000), b) entsprechen im großen und ganzen meinen Vorstellungen (500), c) sind nicht vorhanden (100), d) grenzen ziemlich an Frigidität (0, verzeihlich nur bei Rheuma in den Knien).

2. Ich finde die Frau a) aufregend schön, Fotomodell-Qualitäten (bei Monatseinkommen des Mannes von über 10000 DM 3000 Punkte; ansonsten 1000), b) ziemlich attraktiv (500), c) passabel, wenn sie beim Friseur und der Kosmetikerin war (100), d) immer noch schöner als mich (0).

3. Die Frau ist a) 25 Jahre jünger als ich (2000, sofern Sie älter als 45 sind, mehr als 8000 DM verdienen und völlig frei von Eifersucht sind; ansonsten 1000), b) 15–7 Jahre jünger (1000), c) gleichaltrig (100), d) älter (0).

4. Die Frau ist a) unverheiratet und kinderlos (1000), b) kinderlos und nicht mehr als dreimal geschieden (500), c) einmal geschieden und ein Kind (100), d) einmal oder mehrmals geschieden oder unverheiratet, hat aber zwei oder mehr Kinder (0).

5. Sie ist a) sparsam und genügsam (1000), b) kann gut mit Geld umgehen (500), c) sie überzieht das Bankkonto nur gelegentlich (100), d) sie kann mit Geld überhaupt nicht umgehen, Total-Chaotin (0).

6. Die Frau ist a) sauber und stets gepflegt (1000, wenn sie das ohne Geldausgaben schafft; ansonsten 500), b) sie wirkt ziemlich sauber und gepflegt, selbst wenn sie aus dem Keller kommt (500), c) sie erscheint sauber und ge-

pflegt, wenn man nicht zu genau hinguckt (100), d) sie ist sauber und gepflegt, aber geht mit Lockenwicklern und einer dicken Vaselineschicht auf dem Gesicht ins Bett (0).

7. Ihre Tätigkeit im Haushalt ist a) bewunderungswürdig, nirgendwo ein Staubkörnchen (0; Vorsicht: Putzteufel!), b) zufriedenstellend, Wohnung sieht nicht aus wie nach einem Großangriff (500), c) erträglich, ich muß nur beim Abwasch die Teller abtrocknen (100), d) nicht vorhanden, ich muß nach der Arbeit noch den Haushalt führen (0).

8. Sie wünscht sich Kinder a) unbedingt (2000, wenn ich mir auch welche wünsche, ansonsten 1000), b) sie möchte Kinder wie ich (1000), c) sie will nur Kinder, weil ich mir welche wünsche (100), d) sie will keine Kinder, weil ich keine möchte (0).

9. Ihre Kochkunst ist a) hervorragend, fast so gut wie die eines Kochs (1000), b) überdurchschnittlich (500), c) mäßig (100), d) miserabel, wenn ich nicht in der Betriebskantine esse, muß der Notarztwagen kommen (0; bei Monatseinkommen über 10000 DM 200 Punkte).

10. Die Frau ist a) sehr zuverlässig (1000), b) im allgemeinen zuverlässig (500), c) ziemlich unzuverlässig (100), d) eine Total-Chaotin (0).

Zwischenergebnis:
Die Punktzahl, d. h. der Wert dieser Frau beträgt für mich

_____ Punkte

Gesamt-Endauswertung:
Vergleichen Sie nunmehr den Wert, den Ihr Partner bzw. Ihre Partnerin Ihnen zubilligt, mit jenem Wert, den Sie ihm bzw. ihr zubilligen. Entscheidend für die Zukunftsaussichten einer

Ehe ist *nicht* die Höhe des jeweils errechneten Gesamtwertes eines Partners, sondern *nur* die Differenz zwischen jenem Wert, den ein Partner jeweils dem anderen zubilligt. Je geringer diese Wertdifferenz ist, desto besser sind die Chancen für das Gelingen einer Ehe zwischen diesen Partnern. Generell kann weiterhin gesagt werden, daß ein Testabsolvent vom Partner um so leidenschaftlicher geliebt wird, wie sein Wert unter dem des Partners liegt. Diese leidenschaftliche Liebe hat aber mit ehelicher Liebe nichts zu tun.

Einzel-Endauswertung:
Wertdifferenz zwischen 8000 bis 10000
Hier liegt einer der beiden Partner deutlich unter dem Gesamtwert des anderen. Aller Wahrscheinlichkeit nach liegt dieser Beziehung Leidenschaft oder Prostitution eines der beiden Partner zugrunde. Mit der Ehe hat beides nichts zu tun, und der Einzig wahre Eheberater rät von dieser Ehe ab. Sofern Sie schon miteinander verheiratet sind, stellt sich die Frage, wie es dazu kommen konnte. (Für den besser verdienenden Partner bzw. eine sehr attraktive Frau: Sammeln Sie Kraft und bereiten Sie sich auf eine Scheidung vor.)

Wertdifferenz zwischen 6000 bis 7999
Die Wertdifferenz scheint für eine dauerhafte und beide Partner zufriedenstellende Ehe zu hoch. Der Partner mit dem niedrigeren Punktwert wird im allgemeinen den mit dem höheren zur Ehe drängen wollen, möglicherweise durch ein außereheliches Kind. Wenn der Einzig wahre Eheberater eine Ehe hier für ungefährlich hält, dann nur, wenn sie möglichst kinderlos bleibt. Sie dürfte in seltenen Glücksfällen innerhalb von vier Jahren entweder zur «offenen Ehe» werden, bei der jeder eigene Wege geht, oder sie dürfte vor dem Scheidungsrichter enden. Sie ist selten so viel wert wie eine Scheidung kostet. (Nur für Männer: Schließen Sie, so Sie vermögend sind, hier

unbedingt vor der Heirat einen notariellen Ehevertrag! Nur für Frauen: Verlieren Sie nicht zuviel Zeit in dieser Ehe.)

Wertdifferenz zwischen 2000 bis 5999

Die Wertdifferenz läßt eine Frau und Mann im großen und ganzen zufriedenstellende Ehe erwarten, bei der die Scheidungsgefahr im ersten Ehejahr bei 28 %, im zweiten bei 40 % liegt. Im vierten Ehejahr liegt sie bei 50 % und fällt danach auf 46 %, steigt dann zum verflixten siebten Jahr auf 56 % und fällt dann langsam auf 30 %. Für schon Verheiratete gilt hier: Wenn Sie Kinder haben, werden sich beide Gatten meist in ihr Schicksal fügen. Dies ist der Sinn der normalen Ehe.

Wertdifferenz zwischen 1000 bis 1999

Bingo! Sie haben beide einen für die Ehe mit Ihnen optimal geeigneten Partner gefunden. Überlegen Sie nicht mehr lange. Eilen Sie sofort zum Scheidungsrichter, wenn das erforderlich ist, und danach so schnell wie möglich zum Standesamt, wenn Sie das nicht längst schon getan haben. So eine Chance für eine zufriedenstellende Ehe finden Sie so schnell nicht wieder. Sie sind beide Testsieger. Werden Sie auch erster Sieger in Ihrer Ehe.

Wertdifferenz zwischen 0 bis 999

Entweder einer der beiden Partner oder beide haben sich selbst belogen oder mindestens einer der Partner kann nicht rechnen. Wiederholen Sie den Test, nachdem Sie neue Batterien für den Taschenrechner gekauft haben. Falls dieses Ergebnis der Wirklichkeit entspricht, wird eine zweite Sonne am Himmel erscheinen, wenn diese füreinander und für niemanden sonst geschaffenen Partner den Bund der Ehe eingehen.

Dritter Teil des Ehe-Unterrichts:

*Die Vorbereitung auf das Eheleben durch die Verlobung,
verschiedene Ehemodelle sowie die Wahl zwischen ihnen
bzw. die Überprüfung einer schon getroffenen
Ehemodellwahl*

Zehnte Lektion fürs Eheglück:
Die Verlobung

> «Die Verlobung ist eine so gute Sache,
> daß meine erste zehn Jahre hielt und meine
> zweite zwanzig.»
> (HORST MÜLLER, genannt auch Horsti–Baby)

Nachdem die Leserin und der Leser schon enorm viel über
die Ehe wissen und die ersten Ehefähigkeits-Härtetests hinter
ihnen liegen, sind sie schon ziemlich ehefähig. Irgendwann
beginnt der Gedanke an eine Verlobung ihre Herzen zu er-
wärmen, obwohl Neurophysiologen der Ansicht sind, Gedanken hätten im Herzen nichts zu suchen.

Wie die Verlobung erfunden wurde, ist bekannt. Historiker berichten, daß im 18. Jahrhundert eine Sennerin mit dem
Namen Emma Lob einem Manne den ersten ehelichen Verkehr nicht erst nach der Heirat gestattete, sondern schon nach
Abgabe des Versprechens, die Ehe mit ihr einzugehen. Leider
war dieser Mann gezwungen, kurz nach der Verlobung die
Hochalm zu verlassen, um der Hochzeit seines Bruders bei-

zuwohnen, von der er nie zurückkam. Deshalb ist sein Name nicht bekannt. Um die für damalige Verhältnisse ungemein kühne Emma Lob zu ehren, nennt man ein gegenseitiges Eheversprechen seither Verlobung. Inzwischen erfordert eine Verlobung allerdings kaum noch Kühnheit. Selbst auf oberbayrischen Hochalmen hat sie ihre Bedeutung als sogenannte «Kleine Sofa-Lizenz» verloren. Viele begannen sie etwa zur gleichen Zeit für altmodisch zu halten, als die sog. «1. Fristen-Verkürzung für Ehe-Jubiläen» beschlossen wurde: Viele feiern heute ihre «Silberhochzeit» nicht mehr nach fünfundzwanzig Ehejahren, sondern schon nach zweieinhalb. Die «Goldene Hochzeit», früher nach fünfzig Ehejahren, ist heute oft nach fünf Jahren üblich. Diese lange Zeit überdauern allerdings nur noch wenige Ehen.

Was die Verlobung anbelangt, so hat überraschenderweise in den letzten Jahren eine Tendenzwende eingesetzt. Viele Menschen verloben sich wieder. Sie versprechen einander, die Ehe einzugehen, und heiraten häufig. Oft sogar den Verlobten bzw. die Verlobte. Dafür gibt es gute Gründe: Eltern und Verwandte nehmen eine Verlobung (im Gegensatz zu vielen jüngeren Verlobten) so ernst, daß sie dieses Ereignis in Zeitungsanzeigen bekanntgeben bzw. dem glücklichen Verlobungspaar extra dafür hergestellte schöne Vasen aus Bleikristall, Tortenheber und ähnliche Gegenstände schenken, die sie zur eigenen Verlobung oder Hochzeit geschenkt bekamen.

Der Einzig wahre Eheberater rät unbedingt zur Verlobung (schon weil er immer dafür ist, Feste zu feiern, anstatt feste zu arbeiten): Die rechtlichen Folgen der Verlobung sind ungefährlich. Sofern der Schwiegervater eines Mannes allerdings schon anläßlich der Verlobung erheblich investiert (weil er z. B. ein mageres Ergebnis seiner Tochter beim Härtetest Nr. 2 durch Kauf der gesamten Wohnungseinrichtung für das glückliche Paar aufbessern will), hat dieser Vater einen Schadensersatzanspruch gegen den Verlobten, wenn dieser plötzlich (z. B. nach einer tiefen und langen Gewissensprüfung) von der Ehe Abstand nimmt. Der Verlobte hat auch das Recht, seine Geschenke von der Verlobten zurückzufordern, was allerdings selten notwendig wird.

Viele zur Nicht-mehr-Verlobten gewordenen früheren Verlobten, d. h. wieder zur Noch-nicht-Ehefrau gewordenen Frauen, schicken dem Verlobten seine Geschenke freiwillig zurück. Das ist nicht immer so einfach, wie man es sich vorstellt.

Als die Verlobung eines Freundes des Autors zerbrach, war dieser Freund vorübergehend in Libyen berufstätig. Das zwang die Verlobte dazu, a) ihre Geschenke in drei Waschpulverkartons zu packen, b) diese Kartons in drei Schließfächern des Hauptbahnhofs unterzubringen, c) deren Schlüssel mit gewöhnlicher Post als Brief nach Libyen zu senden. Der wieder zum Nicht-mehr-Verlobten gewordene frühere Verlobte (= normaler Junggeselle) erhielt diesen Brief acht Wochen später. Er übersandte dem Autor die Schließfachschlüssel mit dem Auftrag, die Verlobungsgeschenke a) bei der Bundesbahn auszulösen, b) sie aus den Waschpulverkartons in eine große Kiste umzupacken und c) diese Kiste per Luftfracht nach Libyen zu schicken. Diese Aktion verursachte Kosten in Höhe von 2435 Mark, was vermuten läßt, daß sich für a) schwarze Damenunterwäsche, b) Nachttischlampen, c) Schreibtischlampen, d) einen sechs Jahre alten Videorecorder in Libyen gute Preise erzielen lassen.

Kurztext für Ungeduldige: Eine Verlobung ist wie jedes Fest eine gute Sache. Sehr kostspielige Geschenke können bei der Auflösung einer Verlobung zu Transport- und Schadensersatzproblemen führen. Briefe nach Libyen sind sehr lange unterwegs.

Nachtrag: Als es noch Jungfrauen gab, konnten auch diese Schadensersatz verlangen, wenn sie ihre Jungfräulichkeit dem Verlobten geschenkt hatten. Dies näher zu untersuchen, erübrigt sich, weil Jungfrauen inzwischen von der gefährdeten zur ausgestorbenen Spezies geworden sind.

Elfte Lektion fürs Eheglück:
Die Vorbereitung der Hochzeit sowie die Zerstreuung
letzter männlicher Zweifel an der Richtigkeit
der Entscheidung für die Ehe

> «Viele Verlobungen enden glücklich, die meisten aber mit der Ehe.»
> (SIBYLLE KREUZBERG)

Je näher der Hochzeitstermin rückt, desto mehr beginnen sich Frauen und Männer auf ihre Weise auf dieses große Ereignis in ihrem Leben vorzubereiten. Dabei wird wieder offenkundig, wie unterschiedlich sich Angehörige der beiden Geschlechter verhalten.

Frauen, selbst wenn sie vorher nur in Jeans herumgelaufen sind, beginnen Modezeitschriften zu studieren. Sie überlegen schon ein Vierteljahr vor dem Heiratstermin, ob sie das Kleine Schwarze vom letztenmal wieder zum Standesamt anziehen sollten. So eine kirchliche Trauung vorgesehen ist, erfordert die Wahl zwischen langem, halblangem oder ganz kurzem Brautkleid gründliche und vor allem viel Zeit erfordernde Erörterungen mit klügeren (= schon bzw. noch verheirateten) Freundinnen der Braut. Vielfach beweisen Frauen hier einmal mehr, wie unendlich überlegen sie den Männern im praktischen Denken sind. Sie entscheiden sich für ein sog.

«Kombinationsbrautkleid», das schon bei der kirchlichen Trauung die Aufgabe eines Umstandskleides erfüllt bzw. mühelos zwei Monate später in ein solches verwandelt werden kann.

Wenn sie nicht bei der Schneiderin pausenlos kleine schwarze Kleider, Kostüme bzw. lange, halblange, kurze oder Kombinationsbrautkleider anprobiert, fertigt die Braut eine lange Liste an, auf der sie notiert, wer zur Hochzeit entweder a) eingeladen werden muß, b) werden könnte, c) auf keinen Fall eingeladen werden darf. Diese Liste wird ständig geändert. Zu gern würden die meisten Bräute mit dem Bräutigam über diese wichtigen Entscheidungen diskutieren, aber der ist meist nicht da.

Männer, selbst wenn sie vorher nur vor dem Fernsehgerät abends ein Bier getrunken und Kartoffelchips gegessen haben sollten (= gutes Ehe-Härtetraining!), werden unruhig und fangen an, «von ihrem glücklichen Junggesellenleben Abschied zu nehmen». Sie begeben sich an zwielichtige Orte (= Nachtbars), diskutieren dort mit erfahrenen (d. h. geschiedenen) Ehemännern, die ihnen fürchterliche Geschichten über das Unwesen der Ehe erzählen. Auf das künftige Eheglück des Bräutigams neidische Junggesellen versuchen, ihn in ihrem Lager zu halten, und sie erschrecken den sich seiner Sache ohnehin (grundsätzlich) nicht ganz sicheren Fast-Ehemann mit einem fürchterlichen Sprichwort.

«Junggesellen leben wie Könige und sterben wie Bettler», sagen sie beim Whisky. «Ehemänner leben wie Bettler, aber sie sterben wie Könige.»

Hier kann der Einzig wahre Eheberater wieder einmal einige Irrtümer korrigieren, die viele Männer vor dem Eheglück abschrecken.

Dieses Sprichwort ist völlig falsch, denn es ist nachweislich unrichtig, daß Ehemänner wie Könige sterben.

Sämtliche Statistiken beweisen, daß Ehemänner wesentlich länger leben als Junggesellen, und wer behauptet, Ehemänner empfänden ihr Leben nur als länger weilend (= langweilend), der irrt gleichfalls. Ehemänner leben gesünder, weil ihr Leben geregelter ist. Sie leben (wenn ihre Frau nicht ständig für Aufregung sorgt) ruhiger. Sie werden als Ehemann besser verpflegt. Der ewige Hormonstreß des Junggesellen bei der Suche nach immer neuen Partnerinnen für seine Unzucht bleibt dem Ehemann gleichfalls erspart.

Wenn er die richtige Frau geheiratet hat, wird er in der Ehe *immer* bestens versorgt. Seine Leidenschaften werden in eheliche Liebe verwandelt. Ehemännern, deren Ehefrau ausnahmsweise einmal dafür nicht in der richtigen Stimmung sein sollte, hat der Einzig wahre Eheberater einmal mehr gesicherte wissenschaftliche Erkenntnis anzubieten: Dr. L. Forsberg und Dr. A. M. Olsson von der Universitätsklinik Lund haben im British Journal of Urology kürzlich darauf hingewiesen, daß es auch eine außergewöhnlich hartnäckige Erektion zuverlässig beseitigt, wenn der daran leidende Ehemann zweimal hintereinander die Treppenstufen zum neunten Stockwerk eines Hochhauses hinauf- und herunterläuft.

Auch diesbezügliche Befürchtungen von Fast-Ehemännern vor der Hochzeit sind also völlig unbegründet. Es ist sinnvoller und erfreulicher, der Fast-Ehefrau beim Anprobieren des Brautkleides zuzuschauen. Es stimmt sie glücklich, wenn sich der Mann mit ihr über die Hochzeitsvorbereitungen unterhält. Und wenn er ihr dabei sogar hilft, kann er sich mit ihr auf eines der verschiedenen Ehemodelle einigen, zwischen denen derzeit eine Wahl möglich ist.

Kurztext für Ungeduldige: Jede Braut freut sich jedesmal wieder auf ihre Hochzeit. Jeder Mann hat jedesmal davor wieder Angst. Die Angst des Mannes ist unbegründet. Hochhaustreppen sind für treue Ehemänner hilfreich. Junggesellen und untreue Ehemänner benutzen besser den Lift. Es wird langsam Zeit, sich auf ein Ehemodell zu einigen.

Zwölfte Lektion fürs Eheglück:
Die verschiedenen Ehe-Modelle und die daraus resultierenden Folgen

> «Die Ehe ist ein Zustand, in dem es zwei
> Menschen weder mit noch ohne einan-
> der längere Zeit aushalten.»
> (MARIE VON EBNER-ESCHENBACH)

Es gilt inzwischen als gesichert, daß zahlreiche glückliche Ehen, selbst die zwischen hervorragend für die Ehe miteinander qualifizierten Partnern, daran scheiterten, daß diese sich vor der Hochzeit nur darauf einigten, die Ehe miteinander einzugehen. So erfreulich diese Entscheidung ist, sie bedarf einer genaueren Eingrenzung.

Ähnlich wie nach dem Entschluß, sich ein Auto zu kaufen, weil man (wie in der Ehe) lieber fährt als läuft, die Wahl zwischen verschiedenen Auto-Modellen getroffen werden muß, stehen bei der Ehe verschiedene Modelle zur Verfügung.

1. Die sogenannte «wilde Ehe»
Zwei wilde Partner versuchen dabei, die Vorteile der Ehe (das geregelte und geordnete Zusammenleben) für sich zu nutzen, ihre von manchen als Nachteil empfundenen Eigenschaften (den Gefühlstransformator und die gegenseitige Unterhaltspflicht) aber zu vermeiden.

In der Praxis erweist sich freilich nach einiger Zeit, daß der Gefühlstransformator in der glücklichen wilden Ehe genauso wirksam funktioniert wie in der glücklichen Ehe. Dann ist die wilde Ehe viel schwieriger zu lösen, weil es für wilde Ehen nicht die Möglichkeit einer ordentlichen Ehescheidung gibt. Frauen, selbst wenn sie Kinder des früher einmal wilden Partners geboren haben, werden zur Nicht-mehr-Ehefrau, ohne jemals eine richtige Ehefrau (= keine wilde) gewesen zu sein. Der Einzig wahre Eheberater rät (zumindest allen Frauen) *dringend* von diesem Ehemodell ab. Genau betrachtet ist die wilde Ehe nach ein paar Jahren weder wild noch eine Ehe.

Urteil der Berliner Stiftung Ehetest: Nicht empfehlenswert. Keine richtige Ehe, sondern eher ein Modell zur Ausbeutung unkluger Nichtehefrauen mit Hilfe ihrer Gefühle.

2. Die Früh-Ehe

Hier versuchen zwei Partner, eine glückliche, d. h. eine nicht wilde Ehe miteinander zu führen, ohne die dafür erforderliche Reife aufzuweisen. In der Regel sind die Partner zu jung und unerfahren, um die Ehefestigkeits-Härtetests zu bestehen. Sie halten sie für überflüssig oder schummeln dabei wie in der Schule bei einer Klassenarbeit, und das rächt sich bitter. Entweder lassen sich die Partner wieder scheiden, wenn schon drei Kinder geboren sind, oder aber sie haben Schwierigkeiten, die «eheliche Treue» (Treue zur *Ehe*, keinesfalls zum Ehepartner!) auf geordnete Weise zu leisten.

Der Einzig wahre Eheberater teilt nicht die Auffassung des an der USF in Berkeley lehrenden Real-Ethnologen William S. Duell, der jede Ehe, die vor Vollendung des 65. Lebensjahres eingegangen wird, für eine Früh-Ehe hält, aber auch er rät Frauen und Männern von diesem Ehemodell ab. Zwar sind Frauen oft früher ehereif und -fähig als Männer, aber die Umformung eines normalen Mannes (= Junggeselle) in einen Ehemann überfordert meist die Kräfte sehr junger Frauen, besonders wenn sie nicht nur ihren Mann erziehen sollen, sondern zusätzlich noch drei Kinder.

Urteil der Berliner Stiftung Ehe-Test: Nur in seltenen Ausnahmefällen empfehlenswert. Ausnahmefall: Der Mann ist mindestens 30 Jahre älter als seine Partnerin und sehr reich. In diesem Falle gleicht seine Erfahrung (und sein Einkommen bzw. Vermögen) die Unerfahrenheit seiner Partnerin oft aus.

3. Die offene Ehe

Zweifellos ein immer beliebter werdendes Modell, aber sehr wenig robust und sehr reparaturanfällig. Die offene Ehe wird oft zwischen Partnern geschlossen, die zwar heiraten möchten, sich aber dem Zusammenleben mit einem (bzw. einem potentiellen Ehepartner) auf Dauer nicht gewachsen fühlen. Sie versuchen deshalb, das bewährte Modell der idealen Ehe für ihre Zwecke zu modifizieren, und dabei entstehen immer Sondermodelle. Viele heiraten einander, einigen sich aber darauf, daß jeder auch danach noch eigene Wege gehen kann. Andere gehen so weit, daß sie zwar heiraten wollen, aber jeder seine eigene Wohnung behält. Auch solche Partner versuchen, die Vorteile der idealen Ehe für sich zu nutzen, ohne deren Nachteile (die ideale Ehe hat selbstverständlich keine!) in Kauf nehmen zu müssen. Dabei erleidet aber einer der beiden Partner gewöhnlich immer Nachteile. Meist jener, der den anderen mehr liebt. Eheliche Liebe sollte aber nicht Liebe zum Ehegatten sein, sondern Liebe zur Ehe. Deshalb rät der Einzig wahre Eheberater auch davon ab, eine offene Ehe einzugehen. Er hält dieses Ehemodell nur für jenen Sonderfall brauchbar, daß sich eine anfangs ideale Ehe durch natürlichen Verschleiß (= Entrophie durch zuviel Reibung) in eine offene Ehe verwandelt hat. Hier liegt es oft im Interesse aller Beteiligten (besonders der unbeteiligten Kinder), die ideale Ehe nicht durch eine Scheidung zu beenden, sondern in eine offene Ehe umzuwandeln. Der Einzig wahre Eheberater definiert eine offene Ehe als: Gegenstück zur wilden Ehe, sozusagen eine wilde Scheidung.

Urteil der Berliner Stiftung Ehe-Test: Empfehlenswert nur, wenn durch natürlichen Verschleiß (= Ehe-Rost) entstanden. Ansonsten nicht empfehlenswert.

4. Die Hausfrauen-Ehe

Sie gilt noch immer als das beliebteste Modell, weil sie (sozusagen wie der VW Golf) ein gängiges, in Jahrhunderten immer mehr verfeinertes bewährtes Standardmodell ist. In der Hausfrauen-Ehe besteht eine klare Rollenverteilung, die Norbert Elias einmal kurz und knapp als: «Sie drinnen, er draußen» beschrieb. Schon der Umstand, daß die meisten Männer (zumindest am Anfang der Ehe) dauernd rein wollen und viele Frauen deshalb raus, beweist, daß dieses Standardmodell nicht ganz unproblematisch ist. Solange a) die Kinder eines Ehepaares noch kleiner sind, b) der Ehemann draußen genügend verdient, um die Frau und die Kinder drinnen allein zu ernähren, funktioniert die Hausfrauen-Ehe meist gut. Ihr Hauptproblem ist, daß die Knautschzonen dieses Modells nicht mit der Entwicklung der Verkehrsverhältnisse Schritt halten konnten. Im Falle eines Ehe-Unfalls mit diesem Modell erleiden beide Ehepartner oft gefährliche Verletzungen. Frauen, die sich auf dieses Modell verließen, befinden sich nach einem Totalschaden immer häufiger mit zwei Kindern in der Situation der alleinerziehenden Mutter (= Nicht-mehr-Ehefrau mit Doppel-Minus). Männer, die diesem Modell vertrauten, sehen sich plötzlich in der Situation des unterhaltspflichtigen geschiedenen Vaters (= Junggeselle mit Doppel-Minus). Dennoch rät der Einzig wahre Eheberater unbedingt zu diesem Modell. Es ist aber nur vorübergehend das noch immer beste Verkehrsmittel, nämlich a) wenn mindestens ein Kind mit dem glücklichen Hausfrauen-Ehepaar lebt und b) dieses Kind nicht älter ist als sieben Jahre. Bei zwei Kindern verlängert sich diese schnell vorübergehende Zeit. Eine Hausfrauen-Ehe ist auch sinnvoll, solange das jüngste von zwei Kindern nicht älter als vierzehn Jahre ist. Danach sollte jede Hausfrauen-Ehe für eine offene Ehe in Zahlung gegeben werden.

Urteil der Berliner Stiftung Ehe-Test: Als bewährtes Standardmodell vorübergehend unbedingt empfehlenswert. Nach Erfüllung seiner Aufgabe sollte dieses Ehemodell in ein anderes umgewandelt werden, der Ehepartner aber nach Möglichkeit derselbe bleiben. Ein Partner, den man kennt, ist *immer* besser als einer, den man (noch) nicht kennt.

5. Die ideale Mehrzweck-Verwandlungs-Ehe

Dieses Modell ist unter den Ehen, was ein zum Fliegen fähiger und voll hochseetauglicher Rolls-Royce unter den Autos wäre: das absolute Nonplusultra. Sozusagen die auch als Kalbfleisch genießbare, Honig und Champagner produzierende völlig genügsame Wollmilchsau.

Bisher konnte der fliegende Amphibien-Rolls-Royce noch nicht konstruiert werden, und auch die Mehrzweck-Wollmilchsau wurde noch nicht gezüchtet. Die ideale Mehrzweck-Verwandlungs-Ehe wird aber ständig überall von glücklichen Ehepartnern glücklich gelebt. Das haben viele glücklich Verheiratete dem Autor (sogar in Anwesenheit ihres Ehegefährten bzw. ihrer Ehegefährtin) versichert.

Die ideale Mehrzweck-Verwandlungs-Ehe ist ein ungemein flexibles Modell. Sie paßt sich ständig den Erfordernissen der jeweils gegeben Ehesituation an und ist imstande, bei Bedarf die Gestalt jeder anderen Eheform (mit Ausnahme der wilden Ehe) anzunehmen, ohne dabei jemals ihre eigene Idealform zu verlieren.

Was an einem Ehetag noch eine schlichte Ideal-Ehe war, verwandelt sich, z. B. wenn die ideale Ehefrau plötzlich und unerwartet Zwillinge zur Welt bringt, blitzartig in eine Hausfrauen-Ehe, bleibt dabei Ideal-Ehe und verwandelt sich oft in die offene Ehe, bleibt aber dabei Ideal-Ehe und darf keineswegs mit der nicht idealen und nur offenen Ehe verwechselt werden. Selbst eine normalerweise nicht ideale Früh-Ehe kann zur idealen werden. In manchen Fällen wird aus einer normalen Früh-Ehe eine ideale offene Ehe.

Der Einzig wahre Eheberater rät unbedingt zur Ideal-Mehrzweck-Verwandlungs-Ehe.

Urteil der Berliner Stiftung Ehe-Test: Unbedingt und uneingeschränkt empfehlenswert, sofern beide Partner für diese beglückendste Form der Ehe geeignet sind.

Ehefestigkeits-Härtetest Nr. 3
Die Eignung eines heiratswilligen bzw. schon
verheirateten Test-Kandidaten für eines der möglichen
Ehe-Modelle

(Dieser Test muß von beiden Partnern getrennt durchgeführt werden. Die Eignung für ein bestimmtes Ehemodell hängt *ausschließlich vom eigenen* Testergebnis ab. Kreuzen Sie zu jedem der sechs Komplexe jene Aussage an, die Ihrer Meinung am nächsten kommt. Zu jedem Komplex ist nur eine Antwort zulässig. Addieren Sie wie bei den bisher durchgeführten Tests die hinter Ihrer Aussage angegebenen Punkte zur Gesamtpunktzahl. Diese gibt Antwort auf die Frage, für welches Ehemodell Sie geeignet sind. Wenn zwei Partner nicht für dasselbe Ehemodell geeignet sind, wird bzw. ist eine Ehe zwischen ihnen für beide nur selten eine glückliche.

Eine unglückliche Ehe aber sollte nach Möglichkeit a] von Anfang an am besten vermieden oder, b] wenn schon geschlossen und Kinder vorhanden sind, am zweckmäßigsten in eine offene Ehe umgewandelt werden, sofern sie nicht bereits eine solche ist.)

Teil A: Ermittlung der Eignung eines Mannes für ein bestimmtes Ehe-Modell
(vom Leser auszufüllen)

1. Ich wünsche mir als Ehebett a) ein Himmelbett (500), b) eine breite Luftmatratze (10), c) getrennte Betten in einem Zimmer (1000), d) getrennte Betten in zwei verschiedenen Wohnungen (2000), e) das Bett ist mir gleichgültig, sofern nur meine Ehefrau jede Nacht darin bei mir schläft (10000).

2. Eine attraktive Unbekannte möchte Ihre sehr intime Bekannte werden. a) Ich verabrede mich mit ihr und verbringe die Nacht in einem Hotel, wenn sie das Zimmer bezahlt (20), b) Ich bespreche die Angelegenheit mit meiner Ehefrau und übernachte mit der schönen Unbekannten im Eheschlafzimmer, meine Frau schläft bei einer guten Freundin (1500), c) Ich sage meiner Ehefrau, daß ich das Bett brauche, mir ist egal, wo sie schläft (600), d) Ich erzähle meiner Ehefrau, daß ich Überstunden in der Firma machen müsse, und verbringe mit der noch Unbekannten drei Stunden, ganz egal wo (900), e) Ich lehne solche eindeutigen Angebote entrüstet ab (12000).

3. Ihre Frau will mit einer Freundin unbedingt in eine Theatervorstellung. Daraufhin a) machen Sie ihr persönlich riesiges Theater (800), b) fragen Sie Ihre Ehefrau, wo sie das Geld für die Theaterkarten hernehmen will (15), c) holen Sie ihr das Theaterkleid aus dem Schrank, bürsten es ab und verabreden sich heimlich mit Ihrer Freundin (1100), d) Ihre Frau sagt Ihnen nicht, daß sie ins Theater geht, wenn sie ihren Geliebten trifft (1900), e) Ihre Frau will jede Minute mit Ihnen verbringen, sie will nicht ins Theater (12000).

4. Ihre Frau serviert Ihnen verdorbenen Lachs und hat den Meerrettich dazu vergessen. a) Bei uns gibt es nie Lachs, sondern immer Pommes frites mit Mayonnaise bzw. Bratwurst (7), b) Ich werfe das Essen in den Mülleimer (500), c) Ich esse den Mist und verderbe mir den Magen (1200), d) Ich esse den Mist nicht, sondern hole mir einen frischen Hummer aus dem Feinkostgeschäft (2200), e) Was meine geliebte Frau kocht, empfinde ich nie als Mist (15000).

5. Sie merken plötzlich, daß Ihnen Ihre Frau gewaltig auf die Nerven geht. a) Ich schmeiße sie einfach raus und zahle Unterhalt für unser Kind (400), b) Ich lasse sie merken, daß sie mir auf die Nerven geht, aber ich lasse mich nicht von ihr scheiden, weil ich dann Unterhalt für sie und ihr Kind zahlen müßte (900), c) Ich lasse sie nicht merken, daß sie mir auf die Nerven geht, aber ich gehe ihr nach Möglichkeit aus dem Wege (1900), d) Meine Frau geht mir nie auf die Nerven und wird das nie tun (15000), e) Wir gingen uns von Anfang an gegenseitig auf die Nerven und haben nur geheiratet, weil das Kind unterwegs war (14).

6. a) Ich erwarte, daß mich meine Frau glücklich macht (500), b) Ich erwarte von meiner Frau, daß sie mich zufrieden leben läßt (1000), c) Glück ist, wenn man die Miete bezahlt hat (15), d) Ich erwarte von meiner Frau, gar nichts, und sie erwartet nichts von mir (2000), e) Ich hoffe, daß es mir immer gelingt, meine Frau glücklich zu machen (20000).

Auswertung
Unter 100 Punkten
Sie sind der typische Kandidat für eine Früh-Ehe bzw. bereits in einer solchen verheiratet. Wenn Sie noch nicht verheiratet sind, rät Ihnen der Einzig wahre Eheberater, sich die Sache

noch zwei Jahre zu überlegen. Warum verloben Sie sich nicht mit dem Mädchen? Wenn Sie schon verheiratet sind, wünscht Ihnen der Einzig wahre Eheberater: Viel Glück!

2950 bis 3500 Punkte

Sie sind für eine wilde Ehe hervorragend qualifiziert. Suchen Sie sich eine gleichfalls für eine solche Nicht-Ehe qualifizierte Frau (= dumme Noch-nicht-Ehefrau) und achten Sie darauf, daß diese Frau Sie nicht in ihren Partner für eine Hausfrauen-Ehe umwandelt. Der Einzig wahre Eheberater rät: Verhindern Sie, daß diese Frau, wenn Sie sie gefunden haben, das Lesen lernt, schaffen Sie Radio und Fernsehen ab bzw. nicht an, und ziehen Sie am besten in ein einsam gelegenes Haus. Erklären Sie dieser Frau ständig, was für ein Glück es war, ausgerechnet Sie zu finden.

5500 bis 6500 Punkte

Bingo! Sie sind der richtige Mann für eine Hausfrauen-Ehe, wenn Sie eine dafür geeignete Frau finden bzw. schon gefunden haben. Die wilde Ehe scheidet für Sie genauso aus wie die Früh-Ehe. Gehen Sie solche Ehen auf keinen Fall ein. Heiraten Sie auch keine Frau, die von einer offenen Ehe träumt, denn dafür sind Sie (anfangs) noch nicht der geeignete Mann. Sorgen Sie dafür, daß diese Hausfrau so schnell wie möglich das erste und so schnell wie möglich das zweite Kind zur Welt bringt. Danach können Sie sich mit weiteren Kindern Zeit lassen. Geben sie sich Mühe, diese Ehe gemeinsam mit Ihrer Frau zur Ideal-Ehe reifen zu lassen. Wenn das nicht gelingt, sind Sie spätestens 15 Jahre nach der Heirat für Frau und Kinder nur noch unterhaltspflichtig oder alleinerziehender Vater (= vom Gericht geregelte Ehescheidung), oder aber Sie leben in einer «offenen Ehe» (= stillschweigende Scheidung). Letztere ist nur gut für Mäner, die sich dafür eignen.

9000 bis 12000 Punkte

Sie sind der ideale Mann für eine «offene Ehe». Wenn Sie mit der dafür geeigneten Frau nicht schon verheiratet sind bzw. nicht in stetem gemeinsamen Bemühen eine Hausfrauen-Ehe in eine offene Ehe umgewandelt haben, dürften Sie eine Partnerin für eine offene Ehe am schnellsten unter gut verdienenden Frauen finden, die sich keine eigenen Kinder wünschen und ihre Berufstätigkeit nicht aufgeben, weil sie sich die eigene Selbständigkeit erhalten wollen. Wenn ein Mann genauso auf Wahrung seiner eigenen Unabhängigkeit bedacht ist, kann eine von Anfang an offene Ehe für beide Ehepartner sehr befriedigend sein. Der Einzig wahre Eheberater rät: Diskutieren Sie spätestens auf dem Weg zum Standesamt die Frage, aus welchem Grunde Sie einander heiraten wollen.

Über 60000

Bingo! Bingo! Bingo! Sie sind der ideale Mann für die Ideal-Ehe, wenn es Ihnen gelingt, die zu Ihnen passende Frau zu finden. Wenn Ihnen das gelungen ist, werden Sie von allen beneidet werden und nichts davon merken, weil Sie in dauerndem nicht enden wollendem Glück hoch über den rosa Wolken Ihres Eheglücks schweben. Meiden Sie mit Ihrer Frau den Luftraum in der Nähe von Flugplätzen. Die Hitze der Abgase moderner Verkehrsflugzeuge könnte Ihre Flügel bzw. die Flügel Ihrer heißgeliebten Ehefrau beschädigen!

Teil B: Ermittlung der Eignung einer Frau für ein bestimmtes Ehe-Modell

(von der Leserin auszufüllen)

1. Ich wünsche mir für die Küche a) ein Paar Gummihandschuhe (8), b) eine Nirosta-Spüle (500), c) eine Geschirrspülmaschine (1000), d) Was ist eine «Küche»? (2000), e) Ich wünsche mir einen Mann, der das Geschirr spült und mir danach *meine* Hände mit Rosenöl benetzt (12000).

2. Es ist Dienstag und Ihr Mann möchte eheliche Liebe. a) Ich vergesse dabei endlich mal unsere Sorgen (9), b) Ich überlege, was ich am Mittwoch fürs Mittagessen aus dem Supermarkt besorgen muß (1300), c) Bei uns ist Mittwoch der Geschlechtstag (550), d) Ich sorge dafür, daß der Betriebsausflug unserer Firma an diesem Dienstag stattfindet (2100), e) Für mich ist jeder Tag ein Dienstag (15000).

3. Das Geld ist im Moment etwas knapp und es reicht nur für ein neues Auto oder eine Urlaubsreise nach Mallorca. a) Ich verstehe die Frage nicht, mein Mann spart für ein neues Moped (11), b) Ich fahre einen Golf Cabrio und mein Mann einen Audi, Urlaub macht jeder, wo er will (2000), c) Mein Mann läßt unser altes Auto reparieren, und wir fahren in den Harz (1300), d) Mein Mann fährt in Urlaub, und ich repariere inzwischen das Auto (600), e) Wir verkaufen unser Auto, machen eine Traumreise auf die Bahamas, und danach fahren wir verliebt mit der U-Bahn (11400).

4. Sie merken plötzlich, daß Ihnen Ihr Mann gewaltig auf die Nerven geht. a) Ich packe mein Kleid (mit Schlitz an der Seite) aus dem Schrank in eine Plastiktüte, hole meine Schminksachen aus dem Badezimmer und fahre in meine Wohnung (1900), b) Ich ziehe aus dem Schlafzimmer ins Wohnzimmer, suche mir einen fähigen Rechtsanwalt, der als erstes auf Unterhalt klagt (1100), c) Ich gehe meinem Mann auch auf die Nerven (15), d) Ich mache meinem Mann Vorwürfe, bringe meine Kinder in die Kindertagesstätte und suche mir einen Job (400), e) Mein geliebter Mann geht mir nicht auf die Nerven und wird das auch nie tun (13000).

5. Während Sie mit Ihrer besten Freundin telefonierten, ist Ihnen in der Bratröhre die Hammelkeule verschmort.
a) Ich schlage ein gemeinsames Abendessen im Restaurant (getrennte Kasse) vor (580), b) Ich drehe die Hammelkeule durch den Fleischwolf, füge Chili und Bohnen dazu und habe am nächsten Dienstag Migräne, wenn meinem Manne das Chili con Carne nicht schmeckt (1400), c) Ich kaufe mir einen Strick (15), d) Mein Mann ist dran schuld; warum hat er sich nicht um die Hammelkeule gekümmert (600) e) Ich schmeiße die Hammelkeule in den Müll, ziehe einen Faltenrock und Schuhe mit Netzstrümpfen an und lege mich vor den Herd (12 000).

6. a) Mein Mann erwartet, daß ich ihn glücklich mache (500), b) Ich erwarte, daß mein Mann für mich und unsere Kinder sorgt (1200), c) Ich erwarte von meinem Manne gar nichts, und er erwartet nichts von mir (2000), d) Ich warte darauf, daß ich mir endlich mal wieder eine neue Strumpfhose kaufen kann (12), e) Ich hoffe, daß es mir immer gelingt, meinen Mann glücklich zu machen (20 000).

Auswertung
Unter 100 Punkten
Sie sind die ideale Kandidatin für eine Früh-Ehe, bzw. bereits in einer solchen verheiratet. Glauben Sie tatsächlich bzw. haben Sie tatsächlich geglaubt, Ihr Mann würde besser für Sie sorgen als Ihre Eltern? Wenn Sie noch nicht verheiratet sind, rät Ihnen der Einzig wahre Eheberater, vor dieser Ehe nachzudenken. Selbst dann, wenn Sie ein Kind erwarten; ein kleines Kind erfordert so viel Aufmerksamkeit, daß sie als noch junge und unerfahrene Ehefrau kaum noch gleichzeitig einen Mann erziehen und auf ihn aufpassen können.

2950 bis 3500 Punkte

Sie sind für eine wilde Ehe hervorragend qualifiziert, weil Sie eine gutmütige Frau mit großer Liebesfähigkeit sind. Der Einzig wahre Eheberater rät: Behalten Sie unbedingt Ihren Job, wenn Sie einen haben. Die Suche nach einem Partner für eine wilde Ehe ist nicht schwer, denn ausbeuterische Männer gibt es so viel wie Sand am Meer. Suchen Sie sich eine andere karitative Aufgabe, wenn Ihnen Ihr wilder Ehemann den Schlüssel zur gemeinsamen nichtehelichen Wohnung abgenommen hat und eine andere (meist jüngere oder reichere) Frau im Brautkleid in jenes Schlafzimmer trägt, in dem Sie vorige Woche noch die Betten frisch bezogen haben.

5500 bis 7000 Punkte

Bingo! Sie sind die richtige Frau für eine Hausfrauen-Ehe, denn Sie verfügen schon über jene Vorstellungen, die andere Frauen erst nach der Heirat entwickeln. Wenn Sie nicht schon verheiratet sind, brauchen Sie nur noch den für Sie geeigneten Mann zu finden und zu erziehen.

Die wilde Ehe scheidet für Sie genauso aus, wie die Früh-Ehe. Dafür sind Sie viel zu klug. Heiraten Sie auch keinen Mann, der von einer offenen Ehe träumt, denn dafür sind Sie (anfangs) noch nicht die geeignete Frau. Sorgen Sie dafür, daß Sie so schnell wie möglich das erste und (danach oder gleichzeitig) so schnell wie möglich das zweite Kind zur Welt bringen. Geben Sie sich Mühe, diese Ehe gemeinsam mit Ihrem Manne zur Ideal-Ehe reifen zu lassen. Wenn das nicht gelingt, sind Sie spätestens 15 Jahre nach der Heirat eine alleinerziehende Mutter, deren geschiedener Mann seine Unterhaltspflicht *immer* als ungerecht empfindet – oder Sie entscheiden sich dann für die Verwandlung Ihrer Hausfrauen-Ehe in eine offene Ehe.

Der Einzig wahre Eheberater hält den Beamten auf Lebenszeit deshalb für den idealen Partner einer Hausfrauen-

Ehe, weil er sich seiner Unterhaltspflicht kaum entziehen kann. In diesem Falle ist die vom Gericht geregelte Ehescheidung besser, als die wilde Scheidung (= offene Ehe).

Für Frauen wie Sie wurde die Ehe erfunden. Führen Sie Ihren Verlobten zum Standesamt und schließen Sie den Bund der Ehe.

9000 bis 12000 Punkte

Sie sind die ideale Frau für eine «offene Ehe». Wenn sie mit dem dafür geeigneten Mann nicht schon verheiratet sind, bzw. nicht in stetem gemeinsamen Bemühen eine Hausfrauenehe in eine offene Ehe umgewandelt haben, dürfte es für Sie kaum einen Grund geben, eine offene Ehe einzugehen. Zweifelsfrei ist die Nicht-Ehe noch offener als die offenste Ehe. Wenn Sie aus gesundheitlichen Gründen (z. B. Allergie gegen Berufstätigkeit) eine offene Ehe eingehen wollen, rät der Einzig wahre Eheberater dazu, sie so schnell wie möglich durch zwei Kinder zur Hausfrauen-Ehe umzugestalten. Dann ist nach fünfzehn Jahren wieder die Rückführung zur offenen Ehe mit Unterhaltsanspruch möglich. Diskutieren Sie spätestens auf dem Weg zum Standesamt mit Ihrem Partner die Frage, aus welchem Grunde er Sie heiraten will.

über 60000

Bingo! Bingo! Bingo! Sie sind die ideale Frau für die Ideal-Ehe, wenn es Ihnen gelingt, den zu Ihnen passenden Mann zu finden. Wenn Ihnen das gelungen ist, werden Sie von allen beneidet werden und das auch genießen.

Ziehen Sie auf keinen Fall in eine Wohnung der Neuen Heimat. Dort ist die Geschoßhöhe so sparsam bemessen, daß jener Heiligenschein, der über Ihrem Haupte bzw. dem Ihres Gemahls schwebt, ständig mit dem Kronleuchter kollidieren würde. Eilen Sie sofort zum Standesamt und heiraten Sie dort.

Vierter Teil des Ehe-Unterrichts:

Die Eheschließung sowie der Beginn des ehelichen Lebens nach derselben

Dreizehnte Lektion fürs Eheglück:
Das Aufgebot vor dem Standesbeamten

> «Heiraten heißt, seine Rechte halbieren und seine Pflichten verdoppeln.»
> (ARTHUR SCHOPENHAUER, Real-Pessimist)

Leider kann nicht einmal mehr als allgemein bekanntes Grundwissen vorausgesetzt werden, daß Ehen auf dem Standesamt geschlossen werden.

Zwei ineinander Verliebte verfehlten vor einiger Zeit den einzig wahren Mittelweg der Ehe derart tragisch, daß sie noch immer unverheiratet sind, obwohl sie einander bei einer Weltreise in zweiunddreißig verschiedenen Ländern vor dreißig verschiedenen Priestern, einem Kaplan sowie dem leicht angetrunkenen Wächter eines Hindu-Tempels in Shrinagar das Jawort gaben.

Das Grundgesetz stellt Ehe und Familie unter den besonderen Schutz des Staates, und wer mit seiner Braut oder seinem Bräutigam zum Standesamt eilt, um auf der Stelle zu heiraten, erfährt verblüfft, daß das gar nicht möglich ist. Bevor sie heiraten können, müssen zu allem entschlossene künftige Eheleute das «Aufgebot» bestellen.

Manche Ehemänner meinen, das Aufgebot sei ein Versuch des Staates, den Schutz der Ehe auf den zukünftigen Ehemann auszudehnen, d. h. diesem eine unwiderruflich letzte Bedenkzeit zu verschaffen. Das ist umstritten.

Das Britische Institut für Eheforschung in Gretna Green hat jedenfalls der Ansicht «Wer heiraten will, soll es sich vorher überlegen» kürzlich entschieden widersprochen. Dessen Leiterin Maggie Marriage erklärte: «Wer es sich überlegt, der heiratet nicht. Deshalb soll, wer heiraten will, es sich vorher *nicht* überlegen.»

Die Wahrheit liegt vermutlich auch hier eindeutig in der Mitte: Wie bei einem verlorenen Sparbuch, wo das Guthaben erst nach einem Aufgebotsverfahren ausgezahlt wird, soll auch das vom Standesamt öffentlich bekanntzugebende Ehe-Aufgebot jedem die Möglichkeit verschaffen, Besitzansprüche auf einen der zur Ehe Entschlossenen geltend zu machen. Das geschieht aber sehr selten.

Beim Aufgebot, das merkwürdigerweise «bestellt» werden muß, obwohl es niemals geliefert wird, erleben viele Ehewillige die zweite Überraschung. Ein Aufgebot kostet ca. 30,– DM! «Dies ist uns im Moment viel zu teuer», stammelten in Bad Reichenhall zwei zur Früh-Ehe Entschlossene, aber häufiger erschrickt der Bräutigam aus einem anderen Grund: Was besonders gut ist, ist meistens auch besonders teuer.

Der Einzig wahre Eheberater kann einmal mehr beruhigen: Es ist völlig in Ordnung, daß das Aufgebot nur 30 Mark kostet, und in diesem Preis die eigentliche Heiratszeremonie vor dem Standesbeamten meist sogar auch noch inbegriffen ist, denn die Ehe ist kein deutsches Auto, bei dem Lenkrad sowie Motor als Sonderausstattung zusätzlich bezahlt werden müssen. Die Ehe ist nun mal kein fertiger Palast, in den man nur noch einzuziehen braucht, sondern eine Art Mietwohnung. Wer oft umzieht, für den ist selbstverständlich, daß entweder beim Einzug oder beim Auszug die Tapete bezahlt werden muß, und so verhält es sich auch bei der Ehe.

Bei ihr wird sozusagen beim Auszug tapeziert, und deshalb braucht eine Eheschließung einschließlich Aufgebot nur dreißig Mark zu kosten – manche Scheidung kostet mehr als dreißigtausend.

Obgleich manche Männer vor dem Aufgebot mehr Furcht haben als vor dem Besuch beim Zahnarzt, kann der Autor auch hier reinen Gewissens beruhigen. Beim Aufgebot geschieht nichts, was einem der Ehewilligen weh tun könnte. Seit eine Braut aus dem Fenster des Aufgebotszimmers sprang, als der Standesbeamte die letzten beiden Scheidungsurteile ihres Verlobten vorgelesen hatte, verzichtet man auf diese zu genaue Bekanntgabe früheren Eheverhaltens. Man ist zum Ergebnis gelangt, daß derlei einem oder einer (hoffentlich verliebten) Verlobten nicht zugemutet werden kann, weil seine bzw. ihre Seele dafür zu sensibel ist.

Wichtiger ist die Frage nach dem ehelichen Namen, auf den sich die alsbald zusammenzufügenden Partner spätestens beim Aufgebot einigen müssen.

Im Zuge der Frauenemanzipation wurde hier eine wunderbare Vielfalt möglich. Wenn Hugo Schluck die Agathe Specht geborene Auf heiratet, kann der Ehename entweder Schluck oder Specht lauten.

Jener Partner, dessen Name nicht Ehename wird, kann ihn aber seinem Namen voranstellen. Entscheiden sich beide für den Namen Specht, kann Hugo darauf bestehen, künftig mit Schluck-Specht zu unterschreiben. Beim gemeinsamen Ehenamen Schluck kann die Frau darauf bestehen, künftig Specht-Schluck zu heißen, auch der Name Agathe Auf-Schluck ist möglich, nicht aber Schluck-Auf; das Namensrecht ist so kompliziert, daß man sich am besten

«Wenn mein Alfi-Hasi von die Arbeit kommt, kocht er was, macht die Küche und die Treppe und das Wohnzimmer. Und ich gehe solange zu mein süßen Achmed in die Isestraße zum Fernsehbumsen. Weil ich das Staupsaukkergeräusch nicht abkann. Und wenn ich heimkomme, ist mein Alfi ganz alle und es geht ins Bett und ich lese ihn einen Comik vor. Und das tröstet ihm über seine Botenzstörungen. So wunderbar problemlos kann eine echte Liebesehe sein.»

mit dem Standesbeamten berät, der immer gern hilft, obwohl er manchmal viel lieber wie früher die bisherigen Scheidungsurteile vorlesen würde.

Kurztext für Ungeduldige: Beim Aufgebot wird vor allem geprüft, ob die bisherigen Ehen beider Partner ordentlich geschieden worden sind. Ganz vorgelesen werden Scheidungsurteile gottlob nicht mehr, seit es keine schuldig bzw. unschuldig Geschiedenen mehr gibt. Beim Standesamt bezahlt man weniger als beim Friseur. Das liegt aber nicht daran, daß guter Rat teuer ist.

Vierzehnte Lektion fürs Eheglück:
Der Polterabend, ein folkloristisches Zwischenspiel

«Viel Lälm veltleibt die bösen Geistel.»
‹Zhao Ziyang, Peking›

Normalerweise sind Braut und Bräutigam spätestens am Vorabend der Hochzeit so erschöpft, daß an vorehelichen Verkehr nicht zu denken ist. Selbst Paare, die zuvor im Lotterbett außerehelicher Unzucht Nacht für Nacht die kühnsten akrobatischen Übungen veranstalteten, wären nicht einmal zum bewährten Liegestütz fähig, wenn sie ihn versuchten. Aber schon dazu fehlt ihnen meist die Lust. Das liegt, nein, keinesfalls schon am Gefühlstransformator, sondern nur an schlichter Erschöpfung. Sie ist die Folge des Energieverlusts durch Reibung, die mit den Vorbereitungen einer Hochzeit regelmäßig verbunden ist. Das Kleine Schwarze und das Brautkleid haben zwar bei der Schneiderin hervorragend gepaßt, aber infolge der Aufregung hat die glückliche Braut zweimal zwei Stück Schwarzwälder Hochzeitskirschtorte in der Konditorei verzehren müssen, und jetzt paßt es nicht mehr.

Der glückliche Bräutigam wurde erst beim Aufgebot von der Braut daran erinnert, daß er entweder a) seinen dunklen Anzug in die Reinigung geben bzw. ausbürsten oder, b), sich einen solchen beschaffen müsse.

«Wenn das gleich so anfängt», mag er gemurmelt haben, «vergessen wir das Ganze am besten.» Die Braut mag daraufhin a) in Tränen oder, b) in erheblichen Zorn ausgebrochen sein, und seither wurde zwischen den glücklichen Eheleuten vergleichsweise wenig gesprochen.

Sollte sie, überlegt vielleicht die glückliche Braut, nicht doch lieber ihrem vorletzten Ehemann zum zweitenmal das Jawort geben, als diesem Manne, mit dem sie das Aufgebot bestellte, zum erstenmal? Noch ist es ja nicht zu spät dafür.

Der glückliche Bräutigam mag sich beim Ausbürsten seines schwarzen Anzugs oder Smokings plötzlich daran erinnert haben, daß Schwarz in unserem Kulturkreis die Farbe der Trauer ist. Mißtrauisch wird er mit Freunden darüber diskutiert haben, weshalb die Braut Weiß trägt und der Mann Schwarz.

Sollte er, überlegt vielleicht der glückliche Bräutigam, nicht doch lieber die entzückende Verkäuferin aus dem Schuhgeschäft heiraten, die ihm unauffällig ein Auge zugekniffen hat, während sich seine Verlobte zwischen vierundzwanzig Paar Brautschuhen nicht zu entscheiden vermochte? Noch ist es ja nicht zu spät dafür.

Gerade als unser Brautpaar, das selbstverständlich den Einzig wahren Eheberater besitzt, erneut seine Ergebnisse bei den ersten Ehefähigkeits-Härtetests überprüft, hört die Braut einen fürchterlichen Lärm auf der Straße. Teller und Gläser zerbrechen klirrend. Kochlöffel scheppern in alten Eimern und Töpfen. «Wahrscheinlich wird jetzt das Aufgebot geliefert, das wir bestellt haben», brummt der Bräutigam, aber dann klingelt es an der Tür, Bekannte und Fremde drängen in die Wohnung, zerbrechen auch dort Porzellan, schlagen mit Kochlöffeln auf verbeulte Eimer und fordern (lauthals) Bier und Schinkenbrötchen.

Dieses Ereignis wird «Polterabend» genannt. Mancher erfahrene Ehemann behauptet, es sei eine Art akustische Impfung der männlichen Trommelfelle gegen die Folgen jener Geräusche zerbrechenden Porzellans, die der Gatte einer temperamentvollen Frau nach der Heirat häufiger hört. Pessimisten meinen, der Lärm des Polterabends solle auch noch die bösen Geister verscheuchen, denn von allen guten sei schon verlassen, wer heute noch heirate. Der Einzig wahre Eheberater ist wie immer sachlich und erklärt: Der Polterabend ist eine Absatzförderungsmaßnahme des Verbandes Deutscher Geschirrfabrikanten, und er findet immer und grundsätzlich statt.

Der Versuch, eine Heirat völlig geheimzuhalten, verhindert den Polterabend genauso wenig, wie die Eheschließung in einer möglichst weit vom Heimatort entfernten anderen Stadt. Selbst wenn ein Paar im Traumschiff auf hoher See die Ehe schließen sollte, muß es damit rechnen, daß am Abend zuvor Arbeitskollegen und -kolleginnen sowie frühere Freunde, Freundinnen bzw. frühere Ehepartner der Braut sowie des Bräutigams in unzähligen Paddelbooten am Horizont auftauchen und a) Lärm erzeugen und b) Getränke und Speisen fordern.

Der Einzig wahre Eheberater hält es immer für am besten zu genießen, was man nicht vermeiden kann. Der Polterabend ist hervorragend geeignet, immer unbegründete letzte Bedenken der Braut zu zerstören und den Bräutigam von der männlichen Angst vor der Ehe abzulenken. Am besten man lädt Freundinnen, Freunde, Bekannte, Kolleginnen und Kollegen sowie frühere Liebhaber und Geliebte bzw. Ehepartner zum Polterabend in den Saal einer großen Gaststätte ein. Dann brauchen sich Bräutigam und Braut nicht darüber zu einigen, wer die Scherben auf der Straße zusammenfegt, sondern das schon lange verheiratete Gastwirts-Ehepaar klärt diese Zuständigkeitsfrage auf seine bewährte Art und Weise.

Kurztext für Ungeduldige: Der Polterabend ist ein alter Volksbrauch. Der Folklore entkommt man nicht. Was man nicht vermeiden kann, das muß man genießen.

Fünfzehnte Lektion fürs Eheglück:
Die Hochzeit – Der schönste Tag im Leben einer Frau

> «Was Gott getrennt hat, soll der Mensch
> nicht zusammenfügen.»
> (Philip Morris)

Wenn der Polterabend einer war, der diesen Namen auch nur halbwegs verdient, erfahren die Nahezu-Verheirateten spätestens am Tage der standesamtlichen Trauung, wie verschieden Mann und Frau sind. Selbst der am Vorabend genossene Alkohol wirkt sich auf beide Fast-Eheleute völlig unterschiedlich aus. Der glückliche Bräutigam wacht an diesem Tage meistens von allein überhaupt nicht auf, sondern die glückliche Braut muß ihn wecken. Das kann sie mühelos, denn sie hat gewöhnlich die ganze Nacht über kein Auge zugetan und überlegt, ob sie dieses schnarchende Ungeheuer tatsächlich heiraten soll. Der Einzig wahre Eheberater rät grundsätzlich zur Ehe, sofern beide Partner die ersten Ehefähigkeits-Härtetests bestanden haben. Nie war die Situation günstiger als jetzt, nach dem Polterabend, denn die glückliche Braut hat, zumindest wenn sie zuvor nicht mehr als zweimal verheiratet war, noch das Traumbild vom Manne im Herzen, und sie ist, trotz ihrer Zweifel, meist davon überzeugt, daß sie diesmal endlich ihren Märchenprinzen gefunden hat.

Der Märchenprinz klagt, wenn er endlich wachgeküßt worden ist, über zwei kleine grüne Männer, die angeblich mit zwei großen Hämmern pausenlos auf seinen Kopf schlagen. Diese Männer sind aber nicht, wie manche vermuten, die Trauzeugen, sondern sie sind eine durch zu viel beim Polterabend genossenen Alkohol hervorgerufene Halluzination, die man am besten durch zwei Alka-Selzer- oder Spalttabletten verscheucht. Alkohol schwächt bekanntlich das menschliche Immunsystem, möglicherweise auch die natürliche Immunität des Mannes gegen die Ehe. Dennoch sind die Chancen gering, später zu behaupten, man habe die Ehe nur geschlossen, weil man völlig betrunken und deshalb unzurechnungsfähig gewesen sei.

Oft kommt es zwischen dem glücklichen Brautpaar am Morgen der standesamtlichen Trauung auch zu einer kleinen Meinungsverschiedenheit, die nicht eheschädlich ist, sondern nur eine Art Vorprobe für spätere Meinungsverschiedenheiten.

«Ehe ich dich heirate, muß sich aber noch eine ganze Menge ändern», soll eine Verlobte ihrem Verlobten am Morgen des Tages ihrer standesamtlichen Trauung ins Ohr gebrüllt haben, und die Heirat unterblieb.

Manche Historiker behaupten, die Institution Ehe verdanke ihren Namen dem ersten Wort des Satzes dieser kritischen Braut, aber eindeutig geklärt ist das nicht.

Viel wichtiger und beglückender ist die Tatsache, daß die meisten Menschen tatsächlich die Ehe schließen, wenn sie erst einmal den Polterabend überlebt haben. Beim Standesamt geht dann alles ziemlich schnell. Der Standesbeamte hält eine beruhigende Rede über das Wesen der Ehe. Er liest dem künftigen Brautpaar ein Stück aus dem Einzig wahren Eheberater vor und fragt dann vorsichtig, ob jene beiden Menschen, die da vor ihm sitzen, tatsächlich gewillt seien, die Ehe miteinander einzugehen. Die Antwort darauf kann immer nur ein glückliches und entschiedenes «Ja» sein. Eine eigenwillige Antwort, etwa der Satz «Wenn er auch will, hab ich nichts dagegen!» von der Braut gehaucht, bzw. ein: «Wenn es unbedingt sein muß, ja!» aus dem Munde des Bräutigams werden von den meisten Standesbeamten als unfein empfunden.

Haben beide Ehepartner ihr Ja gesprochen, unterschreiben sie den zwischen ihnen geschlossenen Vertrag, denn ein solcher ist eine Ehe immer. Während die Trauzeugen durch ihre Unterschrift bestätigen, daß sie das Doppel-Ja deutlich gehört haben, tritt meistens eine kleine Pause ein, in der die Eheleute (jetzt sind sie endlich welche!) nicht wissen, was sie tun sollen. Wenn sie dieses hervorragende Werk *vor* der Heirat gelesen haben, wissen sie aber auf alle Fälle, was sie getan haben: Sie haben die Ehe geschlossen und sind endlich, nein, nicht mehr bloß Mann und Frau, sondern Ehemann und Ehefrau. Wenn sie auf eine kirchliche Trauung verzichten sollten (der Autor ist für kirchliche Trauungen, weil er Orgelmusik liebt), stecken die Eheleute einander den Ehering auf den Ringfinger der rechten Hand. Die Ehe ist aber auch für jene Braut schon vor dem Standesbeamten geschlossen worden, die erst ein paar Tage später am Arm des Brautvaters in der Kirche dem Bräutigam zugeführt wird und ihren Ring dort erhält.

Hier muß der Autor wieder kurz zum Volksbrauchtum abschweifen und den Ehemann beraten. Es ist vielen Männern unbekannt, daß jede kluge Braut in der dritten Vollmondnacht vor der Heirat aus dem Haus in die freie Natur eilt und dort Kräuter sammelt. Diese Kräuter bewahrt sie im sog.

«Kleinen bayrischen Brautbeutel» über ihrem Herzen auf und schiebt sie am Tage der Hochzeit unauffällig in ihren linken Brautschuh. Wenn der Ehemann sieht, daß sich nach dem Jawort in der Kirche die Lippen der Braut bewegen, flüstert sie ganz leise einen uralten Zauberspruch, den jede Mutter ihrer Tochter beibringt. «Mann, ich hab Petersilie und Dill. Und wenn ich rede, schweigst du still», lautet dieser Spruch.

Männer haben eine ganz geringe Chance, die Wirkungen dieser magischen Formel zu neutralisieren, wenn sie den Mut und die Kraft zum Gegenzauber finden. Dazu greift der Mann in die Hosentasche und reibt ein Fünfmarkstück, das er in der dritten Vollmondnacht vor der Hochzeit vor dem Gastwirt gerettet hat. Während er es zwischen Daumen und Zeigefinger reibt, flüstert er unhörbar: «Frau, in unserer Ehe bin ich der Held, denn ich verdiene das ganze Geld.»

In modernen Ehen, wo beide Partner Geld verdienen, kann sich der Mann freilich seine Sprüche sparen. Sie wirken in solchen Ehen nicht mehr. Das hat aber nichts mit Zauberei zu tun, sondern nur mit Emanzipation. An deren Auswirkungen auf Ehemänner kann kein Eheberater etwas ändern, aber er kann auch hier trösten und beruhigen: Die Hochzeitsfeier bezahlt trotz Emanzipation noch immer gewöhnlich der Vater der Braut und davon abgesehen: Es gibt bei der Hochzeit viele schöne Geschenke, über die sich auch der Ehemann oft ein ganzes Leben lang freuen kann.

Kurztext für Ungeduldige: Wenn zwei Menschen vor dem Standesbeamten Ja zueinander und zur Ehe gesagt haben, ist letztere geschlossen. Da helfen keine Sprüche mehr.

Sechzehnte Lektion fürs Eheglück:
Der Beginn des gemeinsamen Eheglücks nach der
Hochzeit oder Wer macht was?

«Und darum wird beim happy end
im Film jewöhnlich abjeblendt.»
(Kurt Tucholsky)

Es ist immer wieder verblüffend, welche vielfältigen und wundersamen Wirkungen eine Ehe hervorzurufen vermag. Zuerst ist ihre ungemein große Verwandlungskraft zu rühmen. Da mag ein Mann noch so bereitwillig vor der Heirat Geschirr gespült und den Staubsauger durch die Wohnung gelenkt haben – spätestens nach dem Jawort wirft er seiner Frau das Spültuch vor die Füße und zieht den Stecker für alle Zeiten raus. Da mag eine Frau noch so begeistert neben ihrem Verlobten auf dem Fußballplatz jedesmal Tor geschrien haben, wenn die Heimatmannschaft eins geschossen hatte – spätestens wenn sie zur Ehefrau geworden ist, erklärt sie ihrem Ehemann, daß sie Fußball nicht mehr interessiere und sie lieber eine Staubschutzhaube für den Fernsehapparat bzw. Strampelhöschen häkeln möchte.

Viele Ehegatten fühlen sich jetzt unwohl oder gar vom anderen getäuscht. Es ist deshalb zwingend notwendig, hier den Sachverhalt gründlich zu erörtern; manche Eheberater gehen sogar soweit, zu behaupten, daß solche Erörterungen der Hauptzweck der Ehe sind.

«Himmel, Herrgott, Sakrament», fluchen manche, wenn sie entdecken, daß der Mensch, den sie geheiratet haben, sich zuerst noch nicht so verhält, wie sie es erwartet haben, bzw. sich nach der Heirat plötzlich anders verhält als vorher.

Manche Eheforscher behaupten zwar, daß an diesen gotteslästerlichen Fluch erinnern will, wer die Ehe ein «Sakrament» nennt, aber fluchen hilft in der Ehe nicht weiter. Auch nicht die Behauptung, man sei von seinem Partner getäuscht worden. Dies ist nämlich höchst unwahrscheinlich.

Gewöhnlich ist jeder heiratsfähige Mensch ohne weiteres imstande, eine Wahl zu treffen, ohne sich täuschen zu lassen. Wer jemals beobachten konnte, wie gründlich eine Frau einen Rock zu prüfen vermag, wenn sie jenen nicht ordentlich angenähten Knopf sucht, der einen Preisabschlag rechtfertigt, wer jemals zusehen konnte, wie gründlich ein Mann einen Gebrauchtwagen auf Roststellen abzuklopfen versteht, bevor er den Kaufvertrag unterschreibt, der glaubt nicht recht daran, daß ein Ehepartner *vom anderen* getäuscht werden kann oder gar wurde. Wenn hier überhaupt von Täuschung die Rede sein kann, dann hat sich einer der Ehegatten (oder haben sich beide) selbst getäuscht. Keiner hält eine solche Selbsttäuschung für etwas Gutes. Deshalb gehört zu den segensreichen Wirkungen der Ehe, daß sie zuerst für *Ent*-täuschung sorgt – also für klare Erkenntnis der Wirklichkeit.

Erst danach können die Ehegatten am Aufbau des gemeinsamen Eheglücks zu arbeiten beginnen.

Was als erstes erforderlich scheint, ist eine Klärung der Frage, wer in der ehelichen Gemeinschaft was machen darf und was nicht; sozusagen eine Klärung der Machtfrage.

Fasziniert können wir beobachten, wie wohlgeordnet unter den nicht verheirateten Tieren in der Natur die Zusammenarbeit beim Nestbau, dem Brutgeschäft und danach der Aufzucht des Nachwuchses erfolgt. Die Zuständigkeiten sind als Instinkt sozusagen in jedes Tier einprogrammiert.

Beim zivilisierten Menschen sind diese natürlichen Instinkte durch verschiedene Faktoren (z. B. Konsum von Rauschgiften wie Nikotin, Alkohol, Kaffee und durch Egoismus) so verwirrt, daß sie nicht mehr funktionieren.

Bei der Erfindung der Ehe wurde klar geregelt, wer für was zuständig war. Die Frau für das Haus bzw. alles, dessen

Eine liebevolle Gemeinschaft, in der man sich alles an-
vertrauen darf, was man vor Fremden hüten muß.

Bezeichnung mit dem Wort K begann: Küche, Kinder, Kirche. Der Mann war für den Rest zuständig.

Es wurde schon erörtert, wie mit der Industrialisierung diese zumindest für Männer befriedigende Zuständigkeitsaufteilung immer mehr verschwand.

Wurden Macht- und Zuständigkeitsfragen vor der Ehe noch von der leidenschaftlichen Liebe regelmäßig in der sogenannten «Beziehungskrise» eingesperrt, springen sie jetzt aus dem Kasten und erschrecken das glückliche junge Ehepaar.

Nehmen wir an, der Mülleimer muß geleert werden. Früher war das die Aufgabe der Ehefrau, obwohl schon damals manche behaupteten, das Wort Mülleimer begänne mit M. Der Mann konnte in solchen Fällen anordnen, daß dieses M. sozusagen ein K. sei, weil sich der Mülleimer in der Küche, also im Zuständigkeitsbereich der Ehefrau befinde.

Heute sind die Zuständigkeiten unklar, beide Eheleute streiten sich darüber, wer den Mülleimer zur Mülltonne tragen darf. Es gibt Zank, Tränen, mit verheulten Augen gehen beide Eheleute ins Bett, und der Mülleimer fängt an, beleidigt vor sich hin zu müffeln.

Der Einzig wahre Eheberater geht solche Fragen wie immer mit scharfer Analyse an.

Das Mülleimer-Problem kann auf verschiedene Art und Weise gelöst werden.

1. *Durch Macht:* Hier ordnet grundsätzlich der stärkere Ehepartner (in der Regel die Ehefrau) von Fall zu Fall an, wer für eine bestimmte Aufgabe zuständig ist bzw. wie die Entscheidung aussieht, wenn die Eheleute eine treffen. Die Frau sagt schlicht und einfach, der Mann solle den Müll heruntertragen.

2. *Durch Verhandlung:* Beide Eheleute diskutieren drei Tage über die Frage, wer den Mülleimer zur Mülltonne tragen

darf. Widerstrebend gestattet der Mann der Frau, diese Aufgabe zu übernehmen, wenn sie ihm zusichert, daß er dafür die Kohlen nicht mehr aus dem Keller holen muß.

3. Durch sachliche Kompetenz: Die Eheleute einigen sich darauf, daß jeder jeweils die Aufgaben übernimmt, für deren Erledigung er fähiger ist. Im Falle des Mülleimers erfordert dessen Leerung vor allem körperliche Kraft. Wenn die Ehefrau nicht zufällig Leistungssportlerin und durch Anabolika gedopt ist, dürfte der Mann über mehr Kraft verfügen. Er bringt den Mülleimer zur Mülltonne. Ist diese aber schon voll, erfordert die Leerung des Mülleimers nicht nur Kraft, sondern auch List. Jetzt ist die Frau gefordert. Der Mann trägt den Mülleimer wieder zurück in die Küche und erklärt, daß die Mülltonne voll sei. Die Frau übernimmt den Mülleimer, trägt ihn hinunter und leert ihn in die Mülltonne vor dem Haus des Nachbarn.

4. Durch leidenschaftliche Liebe: Die glücklichen Eheleute einigen sich nicht, tragen den Mülleimer schießlich gemeinsam hinunter und leeren ihn in die Mülltonne des Nachbarn, auch wenn die vor dem eigenen Haus völlig leer ist. Währenddessen brennt auf dem Herd in der Küche das Abendessen an. Jede dieser Methoden hat Vor- und Nachteile, die einer genaueren Untersuchung bedurften.

1. Die Entscheidung durch Macht: Sie schafft von Fall zu Fall klare Verhältnisse. Jedes Schiff habe nun mal einen Kapitän, erklären ihre Anhänger. Auch ein Ehepaar sitze in einem Boot. Einer müsse der Kapitän sein, und der andere das Rudern übernehmen. Der Nachteil dieser Entscheidung durch Macht ist darin zu suchen, daß in vielen Ehen, zumindest anfangs, nicht geklärt werden kann, wer mehr Macht hat.

Urteil der Berliner Stiftung Ehe-Test: Nur bedingt für solche Ehen geeignet, in denen ein Partner klar dominiert und der andere klar unterlegen ist, d. h. für Partner mit großer Wert-Differenz beim Ehefähigkeits-Härtetest Nr. 2.

2. Die Klärung von Zuständigkeiten durch Verhandlung: Hier einigen sich die Eheleute von Fall zu Fall darauf, wer gerade Kapitän spielen muß bzw. rudern darf. Und sie überlassen unangenehme Zuständigkeiten dem Partner nur dann, wenn sie dafür angenehme übernehmen dürfen. Wenn jeder Steuermann sein möchte, zerren beide am Ruder, und das Eheschiff beginnt häufig zu schlingern.

Urteil der Berliner Stiftung Ehe-Test: Nur bedingt für solche Ehen geeignet, in denen beide Partner annähernd gleich stark sind, d. h. für Partner mit geringer Wertdifferenz beim Ehefähigkeits-Härtetest Nr. 2, sofern sie beide über annähernd gleich gutes Verhandlungsgeschick verfügen.

3. Die Zuordnung von Zuständigkeiten nach sachlicher Kompetenz: Sie ist eine zur Vermeidung von Streitigkeiten hervorragend geeignete Methode, sofern sich die Eheleute friedlich darüber einigen können, wer für eine bestimmte Aufgabe befähigter ist. In zahlreichen Fällen liegt das eindeutig auf der Hand. Die Ehefrau eines Mathematik-Professors wird ohne große Schwierigkeiten gewöhnlich die finanziellen Angelegenheiten übernehmen können, weil Mathematik etwas völlig anderes ist als Rechnen. Aber leider halten sich viele Lehrer für geborene Erzieher, und da gibt es beispielsweise oft Schwierigkeiten bei der Zuordnung von Zuständigkeiten.

Urteil der Berliner Stiftung Ehe-Test: Grundsätzlich für alle Ehen geeignet, in denen beide Partner sich darauf einigen können, für welche Aufgaben der andere hervorragend befähigt bzw. unfähig ist.

Anmerkung: Die Eignung der leidenschaftlichen Liebe als Kriterium für Entscheidungen in der Ehe bestreitet das Berliner Institut nicht grundsätzlich, aber es fand kein Ehepaar, an dessen Beispiel es hätte diesen Komplex genauer untersuchen können. Der Minderheits-Gutachter Dr. R. Westheimer wies darauf hin, daß leidenschaftliche eheliche Liebe ein Widerspruch in sich sei, und betonte, daß die Eignung von Ehegatten für eine bestimmte Methode der Entscheidungsfindung und Zuständigkeitsklärung eines vorherigen Tests beider Ehepartner bedürfe. Eine sogenannte «Quotenregelung», nach der Frauen sämtliche Entscheidungen treffen und Männer sämtliche unangenehmen Aufgaben übernehmen, hält übrigens auch Westheimer für verfassungswidrig.

Kurztext für Ungeduldige: In der Ehe gibt es nur drei Möglichkeiten: 1. Er bestimmt, 2. Sie bestimmt, 3. Beide einigen sich, d. h. jeder bestimmt über und für den anderen.

Ehefestigkeits-Härtetest Nr. 4:
Die Ermittlung der für ein Ehepaar geeigneten
Methode zur Einigung bei Entscheidungen sowie für
die Zuordnung ehelicher Aufgaben

(Dieser Test muß von beiden Partnern getrennt ausgefüllt werden. Kreuzen Sie zu jeder Frage wieder zu jedem Komplex jene Aussage an, die Ihren Wunschvorstellungen am nächsten kommt. Wie immer ist zu jedem Komplex nur eine Antwort möglich. Ihre Gesamtpunktzahl gibt Auskunft über Ihre Eignung für bestimmte Formen der Entscheidungsfindung sowie der Klärung von Zuständigkeitsfragen.)

Teil A: Ermittlung des Dominanz-, Inferioritäts- sowie Kompro-
miß-Fähigkeitsfaktors der Ehefrau
(von dieser auszufüllen)

1. Ihr Mann möchte mitten in der Stadt leben, Sie aber lieber draußen im Grünen. a) Wir ziehen selbstverständlich
   in die City (10), b) Wir ziehen selbstverständlich ins
   Grüne (100), c) Wir einigen uns auf eine Wohnung da-
   zwischen, genau neben der Schuttkippe (1000).

2. Ihr Mann möchte, daß Ihr Kind die Grundschule besucht, Sie sind aber für die Anmeldung bei der Waldorf-
   schule. a) Sein Kind besucht selbstverständlich die
   Grundschule (10), b) Mein Kind besucht die Waldorf-
   schule (100), c) Wir einigen uns darauf, daß unser Kind
   überhaupt keine Schule besucht (1000).

3. Ihr Mann wünscht sich, daß Sie Stöckelschuhe, Netzstrümpfe und Straps tragen, Sie finden aber Bergschuhe
   und möglichst weite Baumwollhosen bequemer. a) Ich
   trage immer Stöckelschuhe, Netzstrümpfe und Straps
   (10), b) Ich ziehe an, was ich will, nämlich Bergschuhe
   und Pumphose (100), c) Ich entscheide mich für einen
   Kompromiß: Bergschuhe, Netzstrümpfe und Straps,
   aber in Weißblau (1000).

4. Die Lieblingsspeise Ihres Mannes sind Königsberger
   Klopse. Sie essen aber für Ihr Leben gern Schweinsrippchen mit Sauerkraut. a) Ich koche für meinen Mann so oft
   wie möglich Königsberger Klopse (10), b) Mein Mann
   kocht für mich jeden Tag Schweinsrippchen mit Sauerkraut (100), c) Wir kochen gemeinsam jeden Tag Linsen-
   suppe, weil wir die alle beide nicht mögen (1000).

5. Ihr Mann ist Bergsteiger und möchte im Urlaub in die
   Alpen. Sie aber surfen für Ihr Leben gern und möchten
   die Ferien an einem Binnensee verbringen. a) Wir fahren

selbstverständlich in die Berge (10), b) Wir fahren ans Steinhuder Meer (100), c) Wir einigen uns auf Gelsenkirchen (1000).

6. Sie brauchen dringend einen neuen Wintermantel, aber Ihr Mann möchte das Familienauto neu lackieren lassen. a) Das Auto wird lackiert, ich trage den Mantel noch ein Jahr länger (10), b) Ich kaufe mir einen neuen Wintermantel (100), c) Wir kaufen unserem Kind einen neuen Wintermantel (1000).

7. Sie haben eine Lungenentzündung. Ihr Mann aber einen schweren Schnupfen. a) Ich pflege meinen armen kranken Mann (10), b) Mein Mann schickt mich ins Krankenhaus (100), c) Ich pflege meinen Mann, aber er legt sich danach zu mir, damit er auch eine Lungenentzündung bekommt und ich einen Schnupfen (1000).

8. Sie kommen mit dem Geld nicht aus, weil Ihr Mann jeden Monat 500 Mark für Zigaretten und Bier ausgibt. a) Sie arbeiten irgendwo als Putzfrau und verdienen 500,– DM dazu (10), b) Ihr Mann raucht und trinkt nicht mehr, damit Sie 500 Mark für Kosmetik und den Friseur ausgeben können (100), c) Mein Mann hört zu rauchen und zu trinken auf, und wir suchen uns beide eine Stelle als Putzfrau, damit wir den Wagen finanzieren können (1000).

9. Sie haben eine kleine Meinungsverschiedenheit und wollen getrennt schlafen. a) Mein Mann schläft allein im Ehebett, und ich übernachte in der Küche auf dem Fußboden (10), b) Ich schlafe allein im Ehebett, und mein Mann übernachtet in der Badewanne (100), c) Wir übernachten beide bei unseren Eltern (1000).

10. Sie wünschen sich drei Kinder, aber Ihr Mann möchte keins. a) Ich schlucke die Antibabypille, damit unsere Ehe kinderlos bleibt (10), b) Ich lehne es ab, mich durch Hormonpillen zu vergiften, rauche aber 100 Zigaretten am Tag (100), c) Wir einigen uns darauf, drei fremde Kinder in Pflege zu nehmen, damit ich welche versorgen kann, mein Mann aber keine hat (1000).

Auswertung

100 bis 300 Punkte – Partnerprofil Nr. 1 –
Sie sind eine ungewöhnlich nachgiebige und unterwürfige Frau. Wenn Sie weniger als 190 Punkte erzielen, sind Sie wahrscheinlich eine echte Masochistin. Sie wollen, daß Ihnen Ihr Partner möglichst viele Entscheidungen abnimmt und übernehmen statt dessen lieber unangenehme Aufgaben, die Ihr Mann Ihnen zuweist. Sie können nur glücklich werden, wenn Sie einen ungewöhnlich starken und gleichzeitig rücksichtslosen und herrschsüchtigen Mann gefunden haben. Wenn das der Fall ist, dürften Sie keine Eheschwierigkeiten erleben, sofern Ihr Mann immer stark bleibt. Das aber ist unwahrscheinlich, denn das hält kein Mann auf Dauer durch.

310 bis 1000 Punkte – Partnerprofil Nr. 2 –
Sie sind eine starke und entsprechend herrschsüchtige Frau. Erreichen Sie den Wert von 1000, sind Sie möglicherweise eine klassische Domina. Sie können nur glücklich werden, wenn Sie einen ungewöhnlich nachgiebigen und unterwürfigen Mann gefunden haben. Wenn das der Fall ist, werden Sie keine Eheschwierigkeiten erleben, so lange er schwach und demütig bleibt. Das ist aber unwahrscheinlich. Selbst eine gute Fußmatte läßt sich nicht auf Dauer treten.

1000 bis 10000 Punkte – Partnerprofil Nr. 3 –
Bingo! Sie sind der Sieger in diesem Test. Sofern Sie einen Mann mit einem ähnlich guten Testergebnis gefunden ha-

ben, wird es in Ihrer Ehe zwar viele Diskussionen geben, aber Sie dürften beide auf lange Zeit, vielleicht sogar Ihr Leben lang, das eheliche Glück genießen. Wenn aus diesen Diskussionen jemals ein Streit werden sollte, können Sie sich Ihres reinen Gewissens erfreuen. Bei einem Streit mit Ihnen ist *immer* der andere Teil schuld.

Teil B: Ermittlung des Dominanz-, Inferioritäts- sowie Kompromiß-Fähigkeitsfaktors des Ehemannes
(von diesem auszufüllen)

1. Sie haben das Bedürfnis nach ehelicher Liebe. a) Ich warte sehnsüchtig darauf, daß meine Frau an meinem Blick erkennt, was ich zu wünschen wage (10), b) Ich reiße meiner Frau die Kleider vom Leibe und nehme mir, was ich brauche (100), c) Wir haben dieses Problem diskutiert und uns auf jeden zweiten Dienstag geeinigt (1000).

2. Ihre Frau hat das gemeinsame Bankkonto überzogen. a) Ich mache in der Firma Überstunden und gleiche das Konto stillschweigend aus (10), b) Meine Frau hat keine Kontovollmacht (100), c) Wir diskutieren über ihre Fähigkeit, mit Geld umzugehen (1000).

3. Ihre Frau hat das Familienauto gegen die Garagenwand gesetzt. a) Ich bitte sie um Verzeihung, weil ich meine Frau nicht zum Friseur gefahren habe (10), b) Sie darf nicht zum Friseur, bevor der Schaden bezahlt ist (100), c) Ich beule den Blechschaden aus, und sie gewährt mir dafür den ehelichen Verkehr (1000).

4. Sie wollen mit Ihrer Sekretärin für ein gemeinsames Wochenende nach Paris fahren. a) Ich würde das nie wagen, denn meine Frau erlaubt so was nicht (10), b) Meine Frau ist glücklich, die Fahrkarten zu besorgen und die beste Zugverbindung zu erfragen (100), c) Ich fahre heimlich

nach Paris, meine Frau bekommt die Wahrheit heraus, und wir diskutieren über diese Angelegenheit (1000).

5. Es sieht in Ihrer gemeinsamen Wohnung etwas unordentlich aus. a) Ich bin glücklich, nach der Arbeit auch noch aufräumen zu dürfen (10), b) Ich fahre mit dem Zeigefinger über die Oberkante der Tür, zeige meiner Frau den staubigen Finger, und die holt zitternd einen nassen Lappen (100), c) Wir diskutieren über Sauberkeit und Hygiene (1000).

6. Sie finden heraus, daß Ihre Frau einen Geliebten hat. a) Ich lasse sie nicht merken, was ich weiß und genieße schweigend, wie ich leide (10), b) Ich veranstalte ein Donnerwetter, bis sie den Geliebten abschafft und um meine Liebe fleht (100), c) Ich schaffe mir auch eine Geliebte an und lasse das meine Frau nicht erfahren (1000).

7. Ihre Frau ist berufstätig und will mit ihren Kollegen zu einem Betriebsausflug. a) Ich bitte um die Anweisung, um welche Zeit ich vor der Wohnung welches Kollegen mit dem Auto auf sie warten soll (10). b) Meine Frau fährt beim Betriebsausflug grundsätzlich nicht mit (100), c) Mir ist egal, ob sie mitfährt oder nicht, wenn Oma auf das Kind aufpaßt (1000).

8. Ihre Frau stellt während der ehelichen Liebe fest, daß die Decke im Schlafzimmer neu gestrichen werden muß. a) Ich unterbreche die eheliche Liebe und eile ins Farbengeschäft, um einen Eimer weiße Farbe zu kaufen (10), b) Meine Frau würde es nie wagen, während der ehelichen Liebe solche Bemerkungen zu äußern (100), c) Wir schalten bei der ehelichen Liebe grundsätzlich das Licht aus, damit keiner sieht, was mit unserem Schlafzimmer los ist (1000).

9. Die Eltern Ihrer Frau kommen unangemeldet zu Besuch.
a) Meine Frau überläßt ihnen das Ehebett, zieht in ein gutes Hotel, und ich kümmere mich liebevoll um ihre Eltern (10), b) Die Schwiegereltern fahren auf der Stelle zurück, und wenn meine Frau aufmuckt, können ihre Eltern sie gleich mitnehmen (100), c) Ich mache gute Miene zum bösen Spiel und diskutiere nach der Abreise ihrer Eltern diesen unerwarteten Besuch mit meiner Frau (1000).

10. Sie wünschen sich ein Kind, aber Ihre Frau nimmt die Antibabypille. a) Ich frage meine Frau, ob sie sich vielleicht ein Kind von einem anderen Mann wünscht und verspreche ihr, es wie mein eigenes zu lieben (10), b) Die Pillenschachtel meiner Frau fliegt in die Mülltonne, und ich sperre sie so lange ins Schlafzimmer, bis sie ein Kind erwartet (100), c) Wir haben schon zwei Kinder und wollen beide kein drittes (1000).

Auswertung
100 bis 300 Punkte – Partnerprofil Nr. 1 –
Sie sind ein ungewöhnlich nachgiebiger und unterwürfiger Mann. Wenn Sie weniger als 190 Punkte erzielten, sind Sie wahrscheinlich ein echter Masochist. Sie wollen, daß Ihnen Ihr Partner möglichst viele Entscheidungen abnimmt und übernehmen statt dessen lieber unangenehme Aufgaben, die Ihre Frau Ihnen zuweist. Sie können nur glücklich werden, wenn Sie eine ungewöhnlich starke und gleichzeitig rücksichtslose und herrschsüchtige Frau gefunden haben. Wenn das der Fall ist, dürften Sie keine Eheschwierigkeiten erleben, sofern Ihre Frau immer stark bleibt und Sie nicht irgendwann zu verachten anfängt. Das aber ist wahrscheinlich, denn einen Mann wie Sie hält auf Dauer selbst die stärkste Domina nicht aus.

310 bis 1000 Punkte – Partnerprofil Nr. 2 –
Sie sind ein starker und entsprechend herrschsüchtiger
Mann, sozusagen ein echter deutscher Ehemann. Erreichen
Sie den Wert von 1000, sind Sie möglicherweise ein äußerst
autoritärer männlicher Chauvinist. Sie können nur glücklich werden, wenn Sie eine ungewöhnlich nachgiebige und
unterwürfige Frau gefunden haben. Wenn das der Fall ist,
werden Sie keine Eheschwierigkeiten erleben, solange sie
schwach und demütig bleibt. Das ist aber unwahrscheinlich.
Selbst eine gute Fußmatte läßt sich nicht auf Dauer treten.

1000 bis 10000 Punkte – Partnerprofil Nr. 3 –
Bingo! Sie sind der Sieger in diesem Test. Sofern Sie eine Frau
mit einem ähnlich guten Testergebnis gefunden haben, wird
es in Ihrer Ehe zwar viele Diskussionen geben, aber Sie dürften beide auf lange Zeit, vielleicht sogar Ihr Leben lang, das
eheliche Glück genießen. Wenn aus diesen Diskussionen jemals ein Streit werden sollte, können Sie sich Ihres reinen
Gewissens erfreuen. Bei einem Streit mit Ihnen ist *immer* der
andere Teil schuld.

Nachtrag für zwei noch nicht Verheiratete
Prüfen Sie Ihre Ergebnisse besonders gründlich. Haben Sie
sich verrechnet? Die Voraussetzungen für eheliches Glück
sind am besten, wenn beide Partner das Partnerprofil Nr. 3
aufweisen. Wenn nur einer der Partner das Profil Nr. 3 auf-
weist, ist eine Ehe auch mit einem Partner vom Profil-Typ
Nr. 1 möglich. Zwei Partner mit dem Profil Nr. 2 sind für
eine Ehe miteinander denkbar ungeeignet. Hier dürfte es
über kurz oder lang zur Scheidung oder zur offenen Ehe
(= stillschweigende Ehescheidung) kommen.
    Die Ehe zwischen einem Partner mit Profil Nr. 1 und
einem mit Profil Nr. 2 ist wider allem ersten Anschein nicht

erfolgversprechend. Entweder protestiert irgendwann selbst der unendlich nachgiebige Typ Nr. 1 gegen die ständige Beherrschung durch den Typ Nr. 2, oder aber dem Partner mit dem Profil Nr. 2 geht die ständige Unterwerfung des Typs Nr. 1 auf die Nerven.

Fünfter Teil des Ehe-Unterrichts:

Ehe-Mechanik für Fortgeschrittene

Siebzehnte Lektion fürs Eheglück:
Der Aufbau des gemeinsamen ehelichen Hausstandes

> «Alles meins, rief glücklich der Liliputa-
> ner, als er die Riesenfrau geheiratet hatte,
> und er sprang vergnügt auf ihr herum.»
> (ENRICO SARASANI)

In den ersten Wochen und Monaten hat ein frisch vermähltes
Paar gewöhnlich viel zu viel zu tun, um sich große Gedanken
über die eheliche Liebe machen zu können.

Falls die Eheleute erst jetzt einen gemeinsamen Hausstand
gründen, suchen sie eine Wohnung, die einerseits groß genug
sein soll, um den aus früheren Ehen geretteten Hausrat bzw.
den Sperrmüll aus der Junggesellenbude des Mannes sowie
das breite französische Bett der Frau und ihren Achtmeter-
Kleiderschrank aufzunehmen, anderseits aber so preiswert,
daß die Eheleute die Miete bezahlen können.

Der Einzig wahre Eheberater kann hierzu nur erklären,
daß die Suche nach einer Wohnung entschieden schwieriger
ist als die nach einem geeigneten Ehepartner.

Es muß jedoch *dringend* davor gewarnt werden, eine Wohnung im Hause der Eltern eines der beiden Ehepartner oder
gar ein oder zwei Zimmer in einer elterlichen Wohnung zu
beziehen. Ein Zelt in einer Grünanlage wäre geeigneter für

jedes Ehepaar, denn es ist völlig gegen die Spielregeln, daß ein Partner (meist der Ehemann) in einem Elternteil (meist die Mutter) einen Verbündeten gegen den anderen Partner (meist die Ehefrau) hat. Auch der Ehemann sollte *unter keinen Umständen* in das Haus oder die Wohnung seiner Schwiegereltern ziehen. Manche Ehemänner denken, dann hätte ihre Frau keinen so weiten Weg, wenn sie irgendwann erklärt, daß sie zurück zu ihren Eltern will, aber das ist ein Trugschluß: Wenn es ihm nicht gelingt, die Schwiegermutter auf seine Seite zu ziehen, was nicht einfach ist (Inzest-Verbot!), hat er bei Konflikten mit der Ehefrau eine Art Nato aus seiner Frau und deren Mutter gegen sich, und mit der wird er nicht fertig. Selbst wenn er so klug und charmant wäre wie Gorbatschow.

Wenn die Eheleute eine Wohnung gefunden haben, wird sie immer nur «für eine vorübergehende Zeit» sein, aber sie wird (wahrscheinlich beim Einzug) tapeziert werden müssen. Danach verschuldet sich das glückliche Paar beim Kauf der Wohnungseinrichtung, selbst wenn beide Eheleute genügend Hausrat aus früheren Ehen besitzen. Viele Ehefrauen wollen nicht in jenem Lotterbett schlafen, in dem ihr Mann als Junggeselle (u. a. auch mit ihnen) der außerehelichen Unzucht gefrönt hat.

Das Berliner Institut Ehe-Test hat ermittelt, daß ein Ehepaar bei der Gründung des ersten Hausstandes Schulden in Höhe etwa zweier Jahresgehälter der Eheleute macht. Der Einzig wahre Eheberater nickt zustimmend mit seinem weisen grauen Haupte: Diese Schulden sind für eine glückliche Ehe unbedingt erforderlich. Sie binden die beiden Eheleute schon kurz nach der Eheschließung fast so fest aneinander, wie sie (in einer Hausfrauen-Ehe hoffentlich alsbald) später das erste gemeinsame Kind aneinander binden wird.

Beim Aufbau des gemeinsamen Hausstandes verhalten sich die Eheleute entsprechend ihren Ergebnissen beim Ehefestigkeits-Härtetest Nr. 4, mit dem geklärt wurde, wie die Entscheidungen in der Ehe getroffen werden.

Wo die Frau dominiert, wird sie ihre Vorstellungen vom gemeinsamen Haushalt durchsetzen (= getrennte Schlafzimmer und eine möglichst teure Küche). Wo der Mann dominiert, fertigt er auf Millimeterpapier maßstabgerechte Zeichnungen an, mit deren Hilfe er seiner Frau erklärt, wo welches der von ihm nach Katalog bestellten Möbelstücke von den Spediteuren plaziert werden soll (= Kühlschrank neben das Ehebett).

Beim glücklichen, modernen, gleichberechtigten Paar entscheiden aber beide Eheleute gemeinsam, d. h. sie müssen sich einigen. Das führt dazu, daß sie sich bei jeder Anschaffung zweimal freuen können: Das erste Mal bei der Diskussion, die zur Einigung auf eine gemeinsame Entscheidung erforderlich ist. Das zweite Mal, wenn die bestellte Fornica-High-Tech-Küche mit halogen-beleuchtetem Brotfach im richtigen Decor (= Kalifornische Eiche massiv furniert) geliefert wird.

Der Einzig wahre Eheberater hält den ständigen Diskussionsprozeß zwischen den Eheleuten für das wesentlichste Element einer glücklichen Ehe, denn durch ihn entsteht jene Reibung, in deren Hitze alles Eheglücksfeindliche (z. B. Eigensinn = eine eigene Meinung) sehr schnell verdampft. Bei der Vorbereitung der ersten gemeinsamen Entscheidungen werden jene Diskussionsformen entwickelt, die durch ständige Übung immer souveräner gehandhabt werden und im Laufe der Zeit eine Ehe zu einer glücklichen machen. Nichts wäre verfehlter als das Bestreben, diese Diskussionen nie zum Streit werden zu lassen. Das Gegenteil ist richtig: In den ersten zwei Jahren einer Ehe ist die eheliche Liebe noch nicht richtig durchgeformt, und es kommt nach einem Streit regelmäßig zur Versöhnung. Diese Versöhnungen sind gewöhnlich für beide Gatten äußerst angenehm, und sie sind trotzdessen nicht ehewidrig. Im Gegenteil: Sie führen irgendwann zur Geburt jener Kinder, die den Eheleuten jetzt als einziges zum Glück noch fehlen. Wenn sie geboren werden, bekommt die Ehe den Rest. Spätestens beim ersten Kind brauchen die Eltern unbedingt «Das Goldene Elternbuch». Es ist das Beste seiner Art, schon weil es vom bewährten Team geschaffen wurde, das auch für den Einzig wahren Eheberater verantwortlich ist. Damit dürften alle Voraussetzungen für eine glückliche Ehe gegeben sein. Zufrieden, weil er wieder einmal einem Paar zur glücklichen Ehe verholfen hat, könnte der Einzig wahre Eheberater jetzt noch auf ein Bier in sein Stammlokal, gäbe es nicht die beiden Hauptfeinde einer jeden glücklichen Ehe, vor denen nicht oft genug gewarnt werden kann.

Kurztext für Ungeduldige: Hauptschauplatz des Eheglücks ist die eigene eheliche Wohnung. Schon bei den Diskussionen über die ersten gemeinsamen Anschaffungen entsteht jene Hitze, in der nach und nach alles Ehefeindliche verdampft und aus der das Zweitschönste an der Ehe geschaffen wird: die Versöhnungen nach dem Streit, die häufig zum Glück bewußter Mutterschaft und Vaterschaft führen.

Nachtrag: Wer für eine High-Tech-Küche vor der Heirat gespart hat, sollte unbedingt eine Fotokopie des Sparbuchs sowie der Rechnung für die Küche an einem dem geliebten Ehepartner nicht zugänglichen Ort verwahren, denn es gibt zwei gefährliche Hauptfeinde jeder Ehe.

Achtzehnte Lektion fürs Eheglück:
Hauptfeind der Ehe Nr. 1: Das Gossensche
Sättigungsgesetz

> «Ein Bedürfnis nimmt im gleichen
> Maße ab, wie die Möglichkeit seiner Be-
> friedigung wächst.»
>
> (H. H. GOSSEN)

Nunmehr sind die hoffentlich glückliche Leserin und der hoffentlich glückliche Leser so eheerfahren, daß man ihr bzw. ihm alles zutrauen kann. Der Autor hält beide inzwischen für so ehefähig, daß sie den beiden größten Gefahren mutig ins Auge blicken können, die es für eine Ehe gibt.

Der Hauptfeind Nr. 1 der Ehe ist das gefürchtete Gossensche Sättigungsgesetz, das die Welt dem Assessor H. H. Gossen verdankt, der 1810 bis 1858 in Preußen lebte.

«Wie kommt es», fragte sich dieser Wirtschaftswissenschaftler, «daß sich meine Nichten und Neffen in West-Berlin weigern, sich von mir bei McDonald's zu einem Big Mac einladen zu lassen, während sich meine in Ost-Berlin wohnenden Nichten und Neffen regelmäßig um jeden Hamburger prügeln, den ich ihnen durch die Grenzkontrolle schmuggele?»

Gossen untersuchte dieses Problem und fand sehr schnell heraus, daß es weltweit und für alle Güter gilt.

In der Sahara, wo Wasser verhältnismäßig knapp ist, wird jeder Tropfen gehütet und so gut wie möglich genutzt.

Bei uns, wo Wasser (noch) nicht knapp ist, will jeder Ehegatte in der Badewanne frisches Badewasser, obwohl er vor der Heirat meist das der Geliebten selbst schlürfen wollte.

Sigbert Schmidt von der Berliner Stiftung Ehetest hatte als erster den Verdacht, daß Gossens erstes Gesetz auch für die

Ehe gültig sei, und sein Verdacht bestätigte sich. Bei einer gründlichen Untersuchung von 50 länger als vier Jahre verheirateten Ehefrauen erklärte ihm jede, daß «sich Ehepartner desto weniger begehren, je länger und enger sie miteinander zusammenleben», wie es S. Schmidt in seiner «Ersten Ableitung vom Gossenschen Sättigungsgesetz» formulierte. Auch diese Ableitung ist weltweit für alle Ehen und Beziehungen gültig.

Jeder, der schon einmal länger als zwei Jahre verheiratet war, wird das bestätigen. Zu große Vertrautheit und zu große Nähe, welche die Ehe zwangsläufig herstellt, ja herstellen muß, läßt den Partner im gleichen Maße immer weniger begehrenswert erscheinen, je leichter er jederzeit verfügbar ist. Die Schuld an dem eigenen nachlassenden Interesse am anderen diesem zuzuschreiben, ist ein gefährlicher Ehefehler, sozusagen ehewidrige Unkenntnis der Verhältnisse. Hier muß der Einzig wahre Eheberater dringend vor einem gefährlichen Irrtum warnen:

Der Partner, den ein in der Ehe unzufriedener Verheirateter gewählt hat, ist genauso wenig für das nachlassende Interesse am anderen verantwortlich, wie er oder sie selber.

Die Ursachen dafür liegen *immer* am Gossenschen Gesetz und der Schmidtschen 1. Ableitung dazu. Mit *jedem* anderen Partner wäre im Laufe der Zeit dieselbe Entwicklung eingetreten, was an einem Beispiel leicht zu belegen ist. Wir wählen dafür als Versuchslabor am besten ein beliebiges Badezimmer, das Haupt-Testlaboratorium für eheliche Liebe.

Nehmen wir an, ein Ehepaar hätte sich in einer Diskussion darauf geeinigt, den Dienstag zum Feiertag der ehelichen Liebe zu erklären. An einem schönen Dienstag drei Jahre nach der Heirat steht die Ehefrau morgens gut gelaunt auf, geht ins Badezimmer – und sie entdeckt zum 1895stenmal, daß ihr Gatte a) nicht nur seinen Rasierapparat nicht sauber gemacht hat, sondern, b) das Waschbecken voller Bartstop-

TAFEL 9: DER SEX IN DER EHE

peln ist. Liebevoll macht sie das Waschbecken und den Rasierapparat für ihren geliebten Mann sauber – und dabei stellt sie sich plötzlich und von ihr völlig unerwartet auf einmal vor, wie er jede Nacht schnarchend neben ihr liegt. Bei dem Gedanken daran bekommt sie völlig unerwartet Migräne.

Der Ehemann freut sich derweilen schon den ganzen Tag auf die Feier ehelicher Liebe. Auf dem Heimweg vom Büro kauft er seiner Frau drei kurzstielige Rosen und eine Flasche jenes Champagners, mit denen das Paar immer die eheliche Liebe feiert. Weil sie Migräne hat, liegt seine Frau schon im Bett, als er nach Hause kommt, aber der Ehemann versteht das falsch.

Beglückt eilt er ins Badezimmer, weil dort die Blumenvasen im Schränkchen neben dem Waschbecken aufbewahrt werden – und als sein Blick ins Waschbecken fällt, sieht er zum 1895stenmal jene Watte, mit der sich seine geliebte Ehefrau die Schminke und Wimperntusche vom Gesicht gerieben hat. Plötzlich und unerwartet stellt er sich auf einmal vor, wie seine geliebte Frau mit Feuchtigkeitscreme im Gesicht im Bett liegt – und bei diesem Gedanken bekommt auch er völlig unerwartet Migräne.

Wieder einmal wird ein Dienstag blitzartig zum Mittwoch, weil ein glückliches Paar Gossens 1. Gesetz zum Opfer fiel, und das schlimmste ist, sie können beide nichts dafür.

Seit Entdeckung dieses Gesetzes kämpfen Ehepaare dagegen, und sie versuchen, es durch geeignete Maßnahmen zu unterlaufen. «Ich will nur unsere Ehe retten», rufen verzweifelt liebevolle Ehemänner, bevor sie (mit der Sekretärin) auf eine Geschäftsreise gehen, und man muß ihnen recht geben.

Kaum hat der liebevolle Ehemann nämlich die Stadt verlassen, bekommt seine liebende Ehefrau solche Sehnsucht nach ihm, daß sie selbst an einem Donnerstag das Fest der ehelichen Liebe mit ihm feiern würde, obwohl ihr Gatte nicht nur a) wie immer den Rasierapparat nicht sauber gemacht hat und, b) Barthaare im Waschbecken liegen, sondern er, c) in der Eile vor der Abreise eine Flasche Kölnisch Wasser umgeworfen hat und es im Badezimmer duftet wie im Friseursalon am Samstag. Sie würde das Fest der ehelichen Liebe mit ihm feiern, obwohl sie diesmal (wegen eines Wetterwechsels) tatsächlich Migräne hat!

Diese Sehnsucht darf man jetzt aber keinesfalls mit ehelicher Liebe verwechseln, sondern sie wird vom Hauptfeind Nr. 2 hervorgerufen, der mit dem Hauptfeind Nr. 1 ein derart hervorragendes Team bildet, daß man fast vermuten könnte, die beiden wären lange verheiratet.

Kurztext für Ungeduldige: Das Gossensche Sättigungsgesetz ist der Hauptfeind Nr. 1 der glücklichen Ehe, weil ein Höchstmaß an Gelegenheit zwangsläufig jedes Bedürfnis auf ein Mindestmaß reduziert.

Neunzehnte Lektion fürs Eheglück:
Hauptfeind der Ehe Nr. 2: Die ganz gewöhnliche
Eifersucht

> «Eifersucht ist eine Leidenschaft,
> die mit Eifer sucht, was Leiden schafft.»
> (FRIEDRICH SCHLEIERMACHER)

Bedauerlicherweise kann sich der Autor bei der Behandlung der Eifersucht nicht auf gesicherte wissenschaftliche Forschungsergebnisse stützen. Zwar plante das Testinstitut für Eheforschung eine Untersuchung dieses komplexen Themas, nachdem sein Institutsleiter, Prof. Dr. Alles-Meins, um ein Haar einem rostigen Küchenmesser seiner Ehefrau zum

Opfer gefallen wäre, aber diese Untersuchung konnte nicht durchgeführt werden, weil das Institut für Egoismus-Forschung dagegen Einspruch beim Deutschen Forschungsrat erhob.

Eifersüchtig über ein Forschungsgebiet wachend, erklärte dessen Leiter, Prof. Dr. Dr. Schurkemeyer, daß Eifersucht keinesfalls nur ein Ehe-Phänomen sei, sondern eine universell verbreitete menschliche Eigenschaft, die mit Egoismus und Neid mehr zu tun habe als mit Liebe.

Natürlich erklärte Prof. Alles-Meins daraufhin, auf seine Untersuchung zu verzichten, aber wie immer, wenn Eifersucht im Spiel ist, forschte er heimlich um so intensiver weiter. Er fand heraus, daß Eifersucht zwar in der Tat nichts mit Liebe zu tun hat, aber dafür um so mehr mit deren Sonderform eheliche Liebe, die ohne Besitzansprüche nicht vorstellbar sei. Damit hat Alles-Meins zweifellos recht.

Die geniale Institution Ehe ruht auf der Annahme, daß ein Mensch einen anderen Menschen besitzen könne. Moraltheologen definieren Ehe u. a. als «vertragsmäßiger gegenseitiger Besitz von Geschlechtseigenschaften». Auch dem Einzig wahren Eheberater gelang es nicht herauszufinden, wie sich die Moraltheologen diesen «gegenseitigen Besitz» vorstellen. Er ist deshalb bei der Behandlung dieses Themas auf eigene empirische Erfahrungen angewiesen.

Eindeutig gibt es zwei Formen der Eifersucht, nämlich die unbegründete sowie die begründete.

Die unbegründete geht von der zweifellos realistischen Annahme aus, daß selbst in einer insgesamt glücklichen Ehe kein Gatte sämtliche Ansprüche und Bedürfnisse des anderen befriedigen könne. Aus dieser Annahme folgert der Eifersüchtige, daß der andere jene Bedürfnisse höchstwahrscheinlich mit oder bei einem bzw. einer außerehelichen Dritten befriedige, und das empfindet er als Besitzstörung.

Anstatt sich nun zu bemühen, jene (bei der unbegründeten

Eifersucht oft nur vermuteten) Bedürfnisse des Gatten selber zu befriedigen, was zweifelsfrei ehefreundlich wäre, versucht der Eifersüchtige statt dessen, dem anderen jene bei ihm vermuteten Bedürfnisse auszureden bzw. ihn an der Befriedigung derselben zu hindern. Die Tragik dieses kontraproduktiven Versuchs liegt darin, daß der Eifersüchtige mit seinem Kampf gegen vorerst nur in seinem Kopf vorhandene Phantome den anderen auf den Gedanken bringt, er könne tatsächlich jene Bedürfnisse haben, die sein Ehegatte nicht befriedigt. In seinem Versuch, sich diesbezüglich Klarheit zu verschaffen, beginnt er auszuprobieren, ob es jene ehewidrigen verbotenen Früchte, vor deren Genuß der eigene Ehepartner dauernd warnt, tatsächlich gibt und wie sie ggf. schmecken.

Selbst wenn er auf diese ehewidrige Suche nach eigenen ehewidrigen Bedürfnissen aus ehelicher Liebe verzichtet, geht ihm sein Partner durch dessen unbegründete Eifersucht über kurz oder lang derart auf die Nerven, daß er ihn nicht mehr erträgt und verläßt, damit seine Liebe zur Ehe nicht zerstört wird. In der Tat heiraten solche Ehegatten nach der Scheidung von einem eifersüchtigen Partner oft einen weniger eifersüchtigen, den sie dann allerdings häufig selber mit ihrer Eifersucht zur Scheidung treiben.

Bei der begründeten Eifersucht verläuft alles im Prinzip genauso, aber die nicht befriedigten Bedürfnisse des anderen und seine daraus resultierende Suche nach Möglichkeiten, sie zu befriedigen, finden nicht nur im eigenen Kopf des Eifersüchtigen statt, sondern sind eine Tatsache.

Der Sonderfall sexueller Eifersucht resultiert meist aus der im 1. Gossenschen Sättigungsgesetz definierten Ehe-Entrophie (= Ehe-Rost). Durch die Möglichkeit ihrer ständigen und bequemen Befriedigung reduzieren sich die Bedürfnisse beider Partner nach körperlicher ehelicher Liebe auf eine für beide Ehegatten gesunde Normal-Frequenz (vgl. Dienstag).

Einer der Partner versucht, sich den Wirkungen von Gossens 1. Sättigungsgesetz zu entziehen und sucht körperliche Liebe außerhalb der Ehe. Abgesehen davon, daß diese außereheliche Unzucht Leidenschaft ist, also mit der Ehe nichts zu tun hat, beweist Gossen regelmäßig auch in außerehelichen Beziehungen, daß er recht hat.

Der begründet Eifersüchtige zwingt den Ehebrecher jedoch zu Lügen und Heimlichkeiten. Durch seine Vorwürfe und Vorhaltungen erschwert oder verringert er die Möglichkeiten zur außerehelichen Liebe, und das Bedürfnis danach wächst konsequent. Die Tragik des oder der begründet Eifersüchtigen liegt darin, daß er oder sie durch ihre Eifersucht jene ehewidrige Unzucht stabilisiert, die er oder sie gerade beseitigen will.

Schafft es ein Eifersüchtiger oder eine Eifersüchtige dagegen, den Partner selber durch Aufnahme einer ehewidrigen Beziehung eifersüchtig zu machen, wirkt das ehefestigend; es verwandelt eine nichtoffene Ehe in eine offene, die in diesem Falle die ideale Ehe für beide ist.

Kurztext für Ungeduldige: Unbegründete Eifersucht ist eine Sonderform der Dummheit. Begründete Eifersucht resultiert gewöhnlich aus einem schwachen Ergebnis des Eifersüchtigen beim Ehefähigkeits-Härtetest Nr. 2. Der Einzig wahre Eheberater hat aus gutem Grund darauf hingewiesen, daß Ehen zwischen Partnern mit hoher Wertdifferenz problematisch sind. Der Partner mit dem schwächeren Test-Ergebnis neigt nicht nur zu Minderwertigkeitskomplexen, sondern sein Testergebnis ist in der Tat minderwertig.

Zwanzigste Lektion fürs Eheglück:
In Verteidigung der bürgerlichen Ehe

> «Der rechte Augenblick der Scheidung
> liegt vor der Verlobung.»
> (REUBEN HILL)

Es ist nicht zu bestreiten, daß die Ehe die eindeutig beste
Form des Zusammenlebens zweier dafür geeigneter Menschen verschiedenen Geschlechts ist. Nicht zufällig hat sie
sich überall durchgesetzt und wurde, wo sie abgeschafft worden war (z. B. in der UdSSR nach der Oktoberrevolution),
schleunigst wieder eingeführt.

Die Ehe ist ein hervorragendes Modell für das Zusammenleben von Mann und Frau. Es ermöglicht die gegenseitige
Versorgung der Ehepartner genauso wie die der (meistens)
gemeinsamen Kinder der Eheleute.

Der (manchmal) gefährliche Geschlechtstrieb des Mannes
wird gezähmt. Aus dem vor der Ehe wilden Bären männlicher Sexualität wird sozusagen ein artiges Schoßhündchen,
das brav apportiert und Pfötchen gibt. Jetzt würde es manche
Frau gern streicheln, aber das erlaubt die Besitzerin nicht,
denn sie hat es schließlich dressiert.

Noch immer kann die Ehe tatsächlich «bis daß der Tod sie
scheidet» für zwei Menschen bedeuten. Wer jemals erleben
konnte, wie zwei Menschen gemeinsam alt und dabei einander immer ähnlicher wurden, bis nicht nur jeder fast genauso
aussah, wie der Ehepartner, sondern sogar auch an denselben
Krankheiten litt, wer jemals die Liebe zwischen zwei alten
Eheleuten beobachten konnte, die einander liebevoll ver-
sorgten und umsorgten, obwohl oder sogar weil sie (fast)
alles voneinander und übereinander wußten, sofern sie nicht
bloß nebeneinander gelebt hatten, sondern miteinander, muß

jenes Gefühl empfinden, angesichts dessen sich Satire verbietet: Ehrfurcht, vielleicht sogar begleitet von leichtem Neid. Es gibt sie zweifellos, die glückliche Ehe, bei der nicht nur die Ehe zufrieden ist, sondern sogar beide Partner es sind.

Die Statistiken beweisen bedauerlicherweise, daß solche eheliche Zufriedenheit äußerst selten ist. Nahezu die Hälfte aller Ehen scheitert, und in der anderen Hälfte sind die Eheleute oft alles andere als zufrieden.

An der Ehe als solcher kann das nicht liegen. Es liegt immer an den Eheleuten, die vielfach völlig verfehlte Ansprüche an die Ehe stellen, anstatt deren Ansprüchen zu genügen.

Kein Bauer käme auf den Gedanken, seinen zuverlässigen Oldenburger in Ascot auf die Rennbahn zu schicken. Kein Jockey würde seinen feurigen Araber-Hengst vor den Pflug spannen. Die Ehe aber, ihrer Natur nach ein äußerst zuverlässiger Kaltblütler, soll nicht nur tagsüber den schweren Karren der Familie aus dem Dreck ziehen, sondern des Nachts wie ein Vollblutpferd seinen Reiter (und sogar noch dazu die Reiterin!) über die Hürden vor dem unendlich tiefen Graben Orgasmus tragen, und dabei bricht jeder Ackergaul zusammen. Ehen, die in den ersten vier Jahren scheitern, scheitern meist nach Gossens Sättigungsgesetz. Leidenschaft verträgt sich nicht mit Dauer; sie hat weniger mit dem oder der leidenschaftlich Geliebten zu tun, sonder mit jenem Bild, daß sich oder der leidenschaftlich *Ver*liebte von ihm oder ihr macht.

Das Zusammenleben in der Ehe ersetzt dieses Bild durch ein realistisches. Jeder, der die Wahrheit sagt, wird gewöhnlich überall rausgeschmissen. Eine Ehe kann man schlecht rausschmeißen, man kann sie nur beenden lassen. Dazu ent-*scheiden* sich immer mehr Verheiratete, aber das ist kein Argument gegen die Ehe, sondern immer eins gegen die Eheleute. Eheleute, die sich nach mehr als vier Jahren Ehedauer und oft einem oder mehreren gemeinsamen Kindern scheiden lassen, erklären häufig, sie seien in der Ehe «nicht mehr glücklich».

Dazu ist festzustellen, daß es keinesfalls Aufgabe der Ehe ist, Menschen glücklich zu machen. Keine Ehe hat jemals behauptet, sie könne Glück schaffen; wenn sie Zufriedenheit schafft, hat sie schon ungemein viel geleistet, und dann ist *sie* glücklich; von den Eheleuten erwartet das keiner außer ihnen selbst.

Wenn sich diese ihre völlig verfehlte Erwartenshaltung als Irrtum erweist, kann das nicht der Ehe angelastet werden.

Der Einzig wahre Eheberater hat eine so hohe Meinung von der Ehe, daß er davon überzeugt ist, ihren Ansprüchen nie genügen zu können, aber auch er verkennt nicht, daß es vernüftige Gründe für eine Ehescheidung gibt: 1. Unheilbare Geisteskrankheit eines Partners, 2. Unheilbare Alkohol-, Rauschgift- oder Verschwendungssucht eines der beiden Partner, 3. unheilbare Unfruchtbarkeit eines der beiden Partner, sofern die Ehe in der Absicht der Familiengründung geschlossen wurde.

Leidenschaftliche außereheliche Liebe und Fußpilz sind keine Scheidungsgründe, denn sie sind beide heilbar. Die Leidenschaft durch Zeitablauf, Fußpilz durch ein Breitband-Antibiotikum.

Trotz dieser Tatsache hegen und pflegen viele in einer (eigentlich) glücklichen Ehe lebende Eheleute Scheidungsgedanken im Herzen, und auch sie bedürfen des Rates.

In dieser unserer schweren, ehefeindlichen Zeit ist die Ehescheidung so erleichtert worden, daß sie vielen fast noch einfacher erscheint als die Heirat. Deshalb lassen sich viele Eheleute leichtfertig und unüberlegt scheiden, was jeder Eheberater (schon aus Gründen beruflichen Stolzes) ablehnen muß. Leichtfertiges und unüberlegtes Handeln ist, wenn überhaupt, nur bei der Eheschließung zulässig!

Das Scheidungsrecht ermöglicht die Ehescheidung neuerdings schon, wenn eine Ehe bloß «zerrüttet» ist. Diese Zerrüttung ist nicht immer leicht festzustellen, was wiederum eine «Härte» ist. Auch das Familienrecht ist so kompliziert, daß sich kaum noch einer durchfindet, aber ein erfahrener Eheberater blickt immer durch:

Eine Ehe ist zerrüttet, wenn ein über dem Ehebett zweier miteinander verheirateter Eheleute angebrachtes Lot nicht mehr ins Zentrum der Interessen beider Gatten weist.

Das Ausmaß der Zerrüttung einer Ehe sowie die Scheidungsfestigkeit beider Partner ist genauso gewissenhaft zu prüfen, wie ihre Ehefestigkeit.

Scheidungsfestigkeits-Härtetest:
I. Teil: Ermittlung des Grades einer Zerrüttung einer von zwei im vollen Besitz ihrer geistigen Fähigkeiten befindlichen Partnern geschlossenen Ehe

(Sofern das ohne Lebensgefahr für einen oder beide Partner möglich ist, sollten sie diesen Test gemeinsam durchführen. Falls sie sich dabei mitunter nicht auf eine gemeinsame Antwort einigen können, ist ihre Punktzahl für diesen Fragenkomplex 0. Ist die gemeinsame Durchführung des Tests nicht möglich, weil die Eheleute nicht miteinander reden, sondern nur mit Freunden und Kollegen über die angeblich schlechten Eigenschaften ihres Ehepartners, sollte sich jeder direkt mit Teil II bzw. III dieses Tests beschäftigen.)

1. Wir halten unsere Ehe für zerrüttet, weil a) der Mann eine außereheliche Beziehung hat (10), b) die Frau eine außereheliche Beziehung hat (100), c) beide eine außereheliche Beziehung haben (0).
2. Wir haben kein Kind (500), ein Kind (100), zwei oder mehr Kinder (0).
3. Wir streiten uns a) ständig (100), b) einmal im Monat,

gewöhnlich alle 28 Tage (10), c) regelmäßig am Wochenende und im Urlaub (0).

4. Der Ehemann schlägt die Ehefrau, obwohl sie das nicht möchte (700), die Ehefrau schlägt den Ehemann, obwohl er das nicht möchte (300), beide schlagen sich, weil keiner stärker ist (0).

5. Der berufstätige Mann soll im Haushalt helfen, a) obwohl die Frau nicht berufstätig ist und weniger als drei Kinder im Haushalt leben (10), b) weil die Frau ganztags berufstätig ist (0), c) weil die Frau berufstätig ist, der Mann aber nicht (100).

6. Der letzte eheliche Verkehr hat stattgefunden a) gestern (0), b) vor zwei bis drei Jahren (100), c) vor etwa zehn Jahren (10).

7. Die Frau kommt mit dem Haushaltsgeld nicht aus und macht Schulden a) beim Lebensmittelhändler (0), b) in der Boutique und beim Friseur (10), c) beim Hauswirt (100).

8. Der Mann kommt mit dem Taschengeld nicht aus und macht Schulden a) an der Tankstelle (0), b) in der Kneipe (100), c) in einem guten Sexclub (500).

9. Ein Ehegatte belügt den anderen a) gelegentlich (10), b) regelmäßig (100), c) beide belügen einander regelmäßig (0).

10. Die Ehe besteht schon a) zwei Jahre (wenn kinderlos: 100; bei mehr als einem Kind 10), b) fünf Jahre (wenn kinderlos: 10; bei mehr als einem Kind 0), c) ein halbes Jahr (wenn kinderlos 700, bei einem Kind 10, bei zwei Kindern 0).

Auswertung
0 bis 50 Punkte
Was bringt ausgerechnet Sie auf den Gedanken, Ihre Ehe sei zerrüttet? – Sie leben in einer Ehe, die ausgesprochen glücklich ist! Legen Sie das Buch aus der Hand und feiern Sie das Glück Ihrer Ehe mit unverzüglichem ehelichem Verkehr.

Die Ehe ist . . .

... ein Versuch, Probleme zu zweit zu lösen, die man allein nicht hatte – der Ausspruch eines Ehemanns, der zur Wahrung des häuslichen Friedens lieber nicht genannt werden möchte.

Probleme? – Fast immer weiß ein Fachmann Rat!

Pfandbrief und Kommunalobligation

Meistgekaufte deutsche Wertpapiere - hoher Zinsertrag - bei allen Banken und Sparkassen

Verbriefte Sicherheit

51 bis 699 Punkte
Auch Ihre Ehe ist nicht zerrüttet, sondern vielmehr eine ganz
normale Ehe. Nehmen Sie vielleicht an, mit einem anderen
Mann oder einer anderen Frau würden Sie in der Ehe glücklicher? Dies ist ein Trugschluß! Auch im Himmel feiern die
Götter nicht jeden Tag bei Himbeertorte mit Schlagsahne.
Gewiß hängt in Ihrer Ehe der Haussegen manchmal ziemlich
schief, aber ein Übel, das man kennt, ist *immer* besser als ein
noch unbekanntes. Wenn diese Ehe durch Kinder zur Familie
geworden ist, rät der Einzig wahre Eheberater immer dazu,
diese Ehe in eine offene umzubauen.

Mehr als 700 Punkte
Diese Ehe ist bedauerlicherweise vermutlich so zerrüttet, daß
der Gedanke an eine Ehescheidung nicht unbegründet erscheint. Bevor sie eingeleitet wird, ist für beide Partner Teil II
bzw. III des Scheidungsfestigkeits-Härtetests ratsam.

II. Teil: Ermittlung der Scheidungsfestigkeit der Frau

1. Ich bin a) jünger als 25 Jahre (0), b) zwischen 25 und 40
   Jahren (10), c) über 40 Jahre alt (99).
2. Ich bin trotz Ehe a) ganztags berufstätig (0), b) Ich bin
   länger als zwei Jahre nicht berufstätig (10), c) Ich habe
   keine Berufsausbildung bzw. ich bin länger als drei Jahre
   nicht berufstätig gewesen (100).
3. Unsere Ehe ist a) kinderlos, (0), b) wir haben ein Kind
   (100), c) zwei oder mehr Kinder (500).
4. Mein Ehemann verdient im Monat a) weniger als 2300,–
   DM netto (100), zwischen 2301,– und 5000,– DM, (10), b)
   über 5001,– DM (0).
5. Mein Ehemann ist a) Arbeiter oder Angestellter (10), b)
   Selbständig oder Freiberufler (100) c) Beamter auf Lebenszeit (Joker! Sie haben das große Los gewonnen, denn Sie

Von Vorteil ist es, kann man sich vor dem Scheidungsurteil mit der Beute als unbekannt verzogen entfernen. Sonst muß geteilt werden. Kinder werden am leichtesten senkrecht geteilt und können mit dem

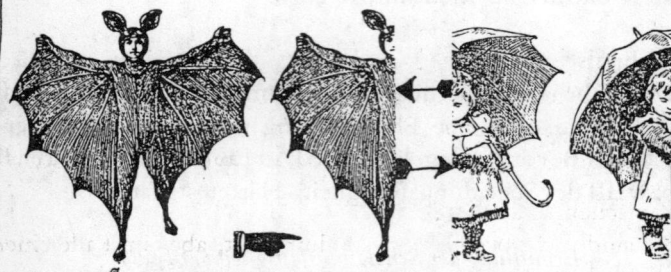

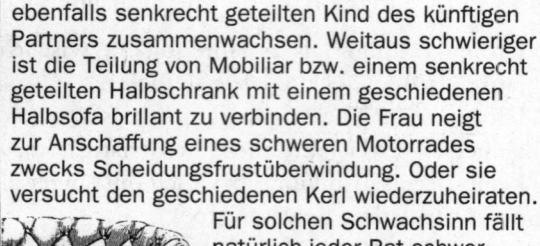

ebenfalls senkrecht geteilten Kind des künftigen Partners zusammenwachsen. Weitaus schwieriger ist die Teilung von Mobiliar bzw. einem senkrecht geteilten Halbschrank mit einem geschiedenen Halbsofa brillant zu verbinden. Die Frau neigt zur Anschaffung eines schweren Motorrades zwecks Scheidungsfrustüberwindung. Oder sie versucht den geschiedenen Kerl wiederzuheiraten. Für solchen Schwachsinn fällt natürlich jeder Rat schwer...

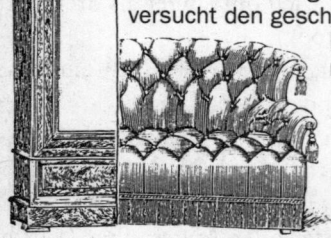

sind selbst mit zwei oder mehr Kindern in hervorragender Situation. Ihr Mann kann sich seinen Unterhaltspflichten kaum entziehen. Ganz gleich, wieviel Punkte Sie bei den anderen Testfragen erzielten, der Joker setzt Ihren Wert auf 0. Sie sind absolut scheidungsfest).

Auswertung
0 Punkte
Sie sind scheidungsfest, denn dieses Ergebnis können Sie nur erzielen, wenn Sie jünger als 25, kinderlos und berufstätig sind. Wenn Ihre Ehe tatsächlich zerrüttet ist, rät der Einzig wahre Eheberater *unverzüglich* zum Auszug aus der ehelichen Wohnung. Jeder Tag, den Sie länger an dieser Ehe festhalten, verschlechtert Ihre Situation; Sie könnten an diesem Tag schwanger werden, wenn Sie es bei der Versöhnung nach einem Streit mit Ihrem Mann noch mal versuchen wollen.

Zwischen 10 und 99 Punkte
Sie sind nicht besonders scheidungsfest, aber im Falle einer wirklich zerrütteten Ehe können Sie an eine Scheidung denken. Sie werden durch eine Scheidung zweifellos verlieren, aber Sie haben in diese Ehe noch nicht sehr viel investiert. Für Sie ist eine Scheidung besser, als eine offene Ehe, denn auch für Sie verschlechtert sich die Situation mit jedem Tag, den Sie länger an dieser Ehe festhalten.

über 100 Punkte
Sie sind keinesfalls scheidungsfest, denn Sie haben mehr als ein Kind geboren. Je höher die Punktzahl ist, die Sie bei diesem Härtetest erreichen, desto geringer ist Ihre Scheidungsfestigkeit. Liegt Ihr Ergebnis bei über 300 Punkten, sind Sie ein hilfsbedürftiger Ehe-Sozialfall. Der Einzig wahre Eheberater rät Ihnen dringend, an dieser Ehe so lange wie nur irgend möglich festzuhalten, denn Sie verlieren bei einer Scheidung gewöhnlich, weil geschiedene Ehemänner alles nur

Vorstellbare ersinnen, um ihren gesetzlichen Unterhaltspflichten zu entkommen. Wenn sich eine Scheidung wirklich nicht vermeiden läßt, weil Ihr Gatte (warum eigentlich?) den Schritt zur offenen Ehe scheut, sollten Sie anfangen, vom Haushaltsgeld heimlich zu sparen. Wenn es zur Scheidung kommt, brauchen Sie den bestmöglichen Rechtsanwalt, und der kostet sehr viel Geld.

III. Teil: Ermittlung der Scheidungsfestigkeit des Mannes

1. Ich bin a) jünger als 60 Jahre (0), b) zwischen 60 und 70 Jahren (10), c) über 70 Jahre alt (99).
2. Meine Frau ist trotz Ehe a) ganztags berufstätig (0), b) länger als zwei Jahre nicht berufstätig (10), c) sie hat keine Berufsausbildung bzw. länger als drei Jahre nicht im Beruf gearbeitet (100).
3. Unsere Ehe ist a) kinderlos (0), b) wir haben ein Kind (100), c) zwei oder mehr Kinder (500).
4. Ich verdiene im Monat a) weniger als 2300,– DM netto (300), b) zwischen 2301,– und 5000,– DM (100), c) über 5001,– DM (0).
5. Ich bin a) Arbeiter oder Angestellter (10), b) Selbständig oder Freiberufler (0), c) Beamter auf Lebenszeit (1000! – Sofern Ihre Ehe nicht kinderlos blieb und Ihre Frau berufstätig, werden Sie sehr lange sehr viel Unterhalt zahlen müssen).

Auswertung
0 Punkte
Sie sind absolut scheidungsfest, denn dieses Ergebnis können Sie nur erzielen, wenn Ihre Ehe kinderlos und Ihre Frau berufstätig blieb. Weshalb haben Sie eigentlich geheiratet? Wenn Ihre Ehe zerrüttet ist, rät der Einzig wahre Eheberater im Interesse beider Ehegatten *unverzüglich* zum Getrennt-

leben. Jeder Tag, den Sie länger an dieser Ehe festhalten, verschlechtert für beide die Situation; Ihre Gattin könnte schwanger werden, wenn Sie es bei der Versöhnung nach einem Streit mit ihr noch mal versuchen wollen.

Zwischen 10 und 99 Punkte
Sie sind nicht besonders scheidungsfest, aber im Falle einer wirklich zerrütteten Ehe können Sie an eine Scheidung denken. Sie werden durch eine Scheidung zweifellos verlieren, aber Sie haben in diese Ehe noch nicht sehr viel investiert. Für Sie ist eine Scheidung besser als eine offene Ehe, denn was erwarten Sie von Ihrer Frau noch? Überprüfen Sie das Ergebnis beim Zerrüttungstest noch mal, weil Sie sich möglicherweise verrechnet haben könnten, und suchen Sie sich irgendwo ein Apartment. Keine Sorge! Sie dürften höchstwahrscheinlich alsbald erneut zum Standesamt eilen, und Ihre nächste, übernächste oder überübernächste Gattin dürfte dann die Frau sein, mit der Sie gemeinsam alt werden.

über 100 Punkte
Sie sind keinesfalls scheidungsfest, denn Sie sind zweifellos unterhaltspflichtig. Die meisten Männer empfinden es als ausgesprochen ungerecht, daß sie nach der Scheidung nicht nur für die Kinder Unterhalt zahlen müssen, sondern auch für jene Frau, die sie zur Welt brachte und die sich nur 24 Stunden am Tag um diese Kinder kümmert, aber genau dies ist der Hauptzweck einer jeden Ehe. Wenn Sie nicht außergewöhnlich gut verdienen oder sehr vermögend sind, rät Ihnen zder Einzig wahre Eheberater dringend, an Ihrer Ehe so lange wie nur irgend möglich festzuhalten. Wenn sich eine Scheidung wirklich nicht vermeiden läßt, weil Ihre Gattin (warum eigentlich?) den Schritt zur offenen Ehe scheut, sollten Sie schon einmal anfangen, sich nach einer Nebentätigkeit ohne Steuerkarte umzusehen.

Mit jenem Gelde, das ihm nach Erledigung seiner Unterhaltszahlungen übrig bleibt, kann ein Mann mit einem durchschnittlichen Einkommen nämlich kaum auskommen, aber der Einzig wahre Eheberater hat auch für ihn noch ein letztes tröstendes Wort auf Lager:

Der alleinerziehenden Mutter mit Kindern geht es keinen Deut besser, und das liegt durchaus im Sinne der glücklichen Ehe.

Zum Zwecke der Scheidung wurde diese sinnvolle Einrichtung nämlich keinesfalls geschaffen, denn da hört die Liebe auf. Zumindest die eheliche Liebe, der dieses Werk gewidmet ist.

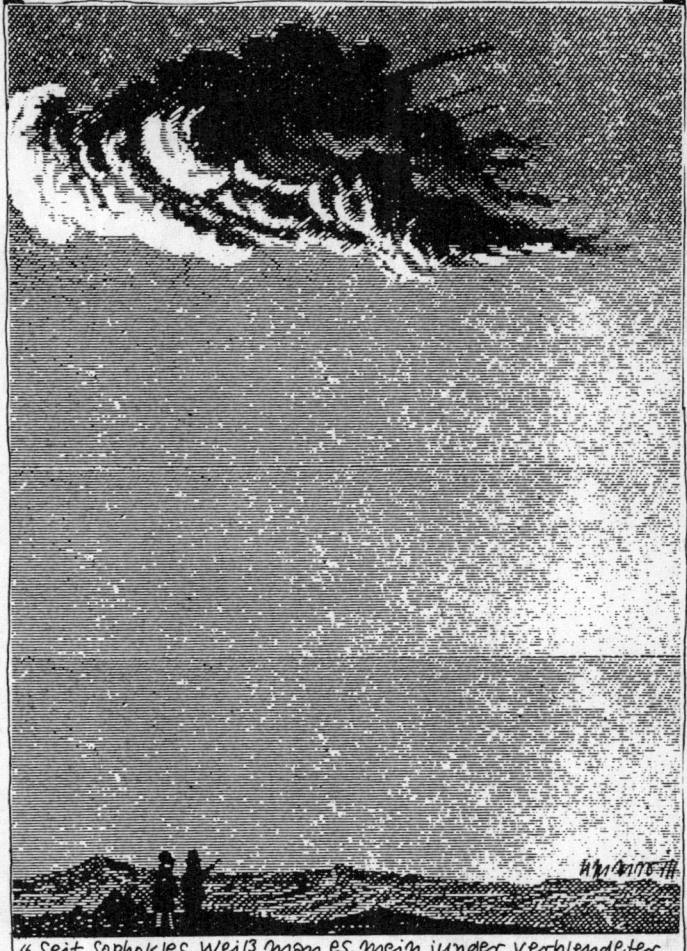

«Seit Sophokles weiß man es, mein junger verblendeter Freund: MANN UND FRAU – SIE PASSEN EINFACH NICHT ZUSAMMEN.»

Wolfgang Körner

rororo
TOMATE

C 2375/1

tomate

Eine
Auswahl

C 2174/6 a